VIVALDA EDITORI

I LICHENI

Marco Bianchi

Montagne con la Vetta

Vivalda Editori

I LICHENI

COLLANA A CURA DI
Enrico Camanni
Valeriana Rosso
Nanni Villani

PROGETTO GRAFICO
Eliana Barbera

COORDINAMENTO TECNICO
Domenico Ugo

REALIZZAZIONE
Blu Edizioni, Peveragno (Cn)

ISBN 88-7808-134-5

PRIMA RISTAMPA
Novembre 1998

A mia madre

Presentazione

Non mi era mai capitato di riconoscermi tanto nella sensibilità ai valori spirituali di un autore di scritti di montagna. È quanto riscontro in questo libro di Marco Bianchi il quale, raccontandosi, conferma ciò che io stesso credo e provo. È notevole quanto Marco ha saputo realizzare in pochi anni sull'Himalaya, ma soprattutto è straordinario il come e il perché ha raggiunto queste mete. Non per «arrivare in vetta a ogni costo» egli dice, bensì per «la curiosità di addentrarmi in un universo unico e affascinante in perfetta armonia con la natura».

Ma i passi che più ho apprezzato del suo libro, e che assumono ancor più valore se visti in contrapposizione alla permissività e all'indifferenza del tempo d'oggi, sono quelli riferiti all'introspezione, al sentimento che affiora dall'emozione, agli interrogativi che nascono dalla ponderatezza.

Scrive Marco Bianchi: «Quel cielo era nulla e ogni cosa. Mi era lontanissimo e vicino. Così vicino da essere in me e così lontano da non poterlo neanche vedere. Perché non si fermava da nessuna parte. Non aveva né confini né colori. Né forme né dimensioni. Il suo blu era anche nero. Il suo blu era anche bianco». E ancora scrive: «Cosa mi inducesse a salire le montagne era un mistero anche per me e ormai da molto tempo avevo rinunciato a cercare una spiegazione. C'erano effettivamente tanti motivi plausibili a spingermi verso le vette e l'alpinismo. Il desiderio di vivere in una natura più selvaggia e intatta, i meravigliosi panorami, un ritorno alle radici dell'essere umano, l'acquisizione di una maggior conoscenza di sé e delle proprie paure. Potevo farne un lungo elenco ma sentivo che le vere ragioni rimanevano nascoste nel subconscio. Le vere ragioni erano celate alla mente e alle spiegazioni razionali. Forse non sarei mai riuscito a dare un nome preciso a quella forza interiore che mi portava verso le grandi montagne».

Questo è l'alpinismo, il più elevato, perché v'è dentro tutto l'uomo con la sua anima.

Walter Bonatti

Introduzione

La verità è fatta come l'Everest: di tante rocce, ciascuna sfaccettata a suo modo. Nessuna di quelle rocce, tuttavia, può vantarsi di essere da sola l'Everest.

TENDZING DZANG-PO
Lama capo del monastero di Tengboche

Ogni essere umano durante la vita cerca di comprendere il senso e lo scopo dell'esistenza. Il "come" non ha molta importanza e, probabilmente, esistono tanti modi quanti sono gli uomini sulla Terra.

Le montagne sono uno di questi "come", una possibile via verso la verità. Non è il migliore né il peggiore e neppure il più giusto o il più sbagliato, ma solamente quello che ho scelto, quello per me più naturale, che ho sentito istintivamente mio fin dai primi passi lungo un sentiero.

La scalata dell'Everest mi ha però confermato una volta per tutte la mancanza di un punto d'arrivo. Dopo quella salita ho ricordato la parabola di sant'Agostino del bambino che vuole mettere il mare in una buca nella sabbia utilizzando un cucchiaio. Perché poi, nonostante un'apparente inconcludenza, senta di dover continuare in questa direzione, è un mistero anche per me.

Le grandi montagne indicano una strada da seguire e quando sono tra loro i dubbi e le domande che mi assillano in città scompaiono d'incanto. Come sempre è successo per ogni decisione e per ogni momento fondamentale della mia vita, è l'istinto che guida. La mente, la ragione, si limita a seguirlo, molte volte anche incredula.

Forse, dopo la dimensione verticale, verrà quella orizzontale: deserti, continenti ghiacciati e magari anche oceani. La continuazione di un viaggio verso qualche cosa che nessuno sa cosa sia né dove sia ma che esiste anche nel profondo di noi stessi.

Andare fra montagne selvagge è una via alla liberazione.

MILAREPA
Saggio tibetano, XI sec. d. C.

La vetta è un luogo unico e perfetto. È il luogo dove convergono tutti i punti e le linee, dove si fondono le creste, le pareti e i canaloni.

Un centro di raccolta, unione e perfezione.

L'energia della vita, il moto del cosmo, l'essenza dell'essere, si trovano concentrati su quei pochi metri quadrati di neve o roccia.

Per me ha sempre rappresentato un luogo speciale nel quale le domande non esistono. Dove i dubbi si sciolgono, dove lo scopo della vita non deve più essere rincorso.

Non ho mai avvertito l'arrivo sulla vetta di qualunque montagna come una vittoria o una conquista. Come un'affermazione o un successo personale. È il raggiungimento della pace interiore, della tranquillità. L'unico momento in cui il fuoco che ribolle nell'animo si spegne e, per pochissimi istanti, ti senti parte dell'universo. Quando tu stesso sei il freddo, la neve, il vento, il sole.

Appena ho raggiunto la cima dell'Everest, ho potuto osservare con un rapido sguardo circolare la congiunzione delle tre grandi creste. Le creste sud-est, ovest, e nord-est, terminavano morbidamente sulla neve dove mi trovavo. La grande montagna aveva fine. Le sue linee principali penetravano in me. Mi avvolgevano, mi rendevano parte del Monte stesso. Ero nel centro di forza del Chomolungma, la Dea Madre della Terra[1]. Ho assorbito tutto quanto formava quell'immenso appicco: i ghiacciai, i seracchi, le valli ai suoi piedi. Questa natura immensa e perfetta confluiva in me attraverso le linee delle tre grandi creste. L'energia del cosmo sgorgava nel punto più alto, dove tutto converge.

Per questo il mio alpinismo è sempre stato caratterizzato dal salire sul punto più alto.

Il mio essere entra in sintonia con la natura che lo circonda solamente in quel luogo magico che è il centro dell'energia.

Tutte le mie montagne hanno una vetta.

Alcuni uomini riescono a trovare "la vetta" dentro se stessi, senza bisogno di scalare.

Non ho la loro forza, il loro coraggio né la loro sensibilità. Ho bisogno della montagna. Della sua guida e del suo insegnamento.

La montagna mi ha aiutato a ricostruire il rapporto con la natura, a far rivivere i miei sensi atrofizzati di uomo moderno. È riuscita a modificare il rapporto inumano e sterile che tutti noi, figli della civiltà tecnologica, abbiamo con la nostra suprema genitrice. È riuscita a non far morire quanto di bello, ingenuo e sincero esiste nello spirito dei bambini, ancora capaci di credere all'esistenza di forze soprannaturali. Quello che noi adulti liquidiamo superficialmente come favola o superstizione è ritornato a vivere in me grazie alla

[1] I tibetani e i nepalesi chiamano l'Everest "Chomolungma". Questo nome viene generalmente tradotto in "Dea Madre della Terra" anche se, a giudizio di alcuni studiosi, può significare "Signora del Vento" o "Dea del Luogo".

natura selvaggia, grazie al ghiaccio e alla roccia.

Oggi non siamo più in armonia con l'universo. Ne abbiamo paura perché si è spezzato il legame con la parte più profonda di noi stessi. Gli antichi egizi, greci, romani, veneravano il "genio del luogo" come una forza vitale di un posto o di un territorio. Era il *genius loci,* e la sua protezione o la sua ostilità dipendevano dal comportamento della persona. In Himalaya ho imparato ad ascoltare la natura, a sentire il silenzio, ad avvertirne consapevolmente l'anima. I popoli che abitano ai suoi piedi pregando la natura pregano Dio e la avvicinano senza volerla sfruttare per interessi personali. Le grandi religioni del mondo, dal buddismo all'induismo, dall'islam al cristianesimo, considerano ogni centimetro della nostra Terra come sacro e parte di Dio. Soltanto con il rispetto e la comprensione del mondo circostante, le mie azioni potranno continuare ad avere significato.

Taglia un pezzo di legno e io sono lì, solleva una pietra e lì mi troverai.

GESÙ

Tic tic tic, il cursore del personal computer lampeggia impaziente sul video, sembra un cuore che pulsa.

Lo guardo con disprezzo, so che sta aspettando i miei comandi... e questo mi rende ancora più nervoso. Ho bisogno di tranquillità e pazienza, non di un cursore di computer in frenetica attesa.

Sarebbe molto meglio scrivere prima su un foglio di carta e poi riportare tutto sul computer, ma così perderei troppo tempo.

«Devi modernizzarti, - mi hanno detto gli amici - l'età della pietra è già passata da un pezzo.»

Quando ho preso la decisione di scrivere questo

libro, oltre alla gioia di tuffarmi in un'esperienza per me completamente nuova, sono stato percorso da un brivido di angoscia. Ricordando il periodo di compilazione della mia tesi in giurisprudenza, vecchi fantasmi si sono infatti risvegliati nella memoria.

«Non ti preoccupare, - mi sono detto - l'alpinismo non è il Diritto, questa volta ti divertirai.»

Ho spento il computer e ho ripreso carta e penna. Ha vinto la tradizione; la tecnologia può aspettare ancora un po'. Non tutta però: quando perdo l'ispirazione, il che avviene molto sovente, un po' di buona musica è il mezzo ideale per rilassarmi e darmi nuove idee. Per fortuna il negozio di elettrodomestici sotto casa mia è ben fornito di pile per walkman. Così non corro il rischio di rimanere senza energia.

Anche sulle grandi montagne la musica è sempre una buona compagna. Aiuta a superare i momenti difficili o a trascorrere il tempo nelle giornate di bufera.

La Tragedia del Gasherbrum

Sisifo rotola il sasso fino alla cima della montagna. In vetta il sasso cade alla base e Sisifo inizia nuovamente.

Io rotolo me stesso in cima al monte poi, stanco, scenderò al piano. Riposatomi, salirò di nuovo.

Non ero riuscito a realizzare la mia idea di scalare un Ottomila con un piccolo gruppo di amici. Dopo alcuni tentativi i progetti erano naufragati già durante la fase organizzativa. I principali problemi che si presentavano ogni volta riguardavano l'alto costo economico e il notevole periodo di tempo necessario per una spedizione in Himalaya. Ma il vero motivo dei fallimenti era da attribuire alla mancanza di volontà e alla poca determinazione dei miei compagni. Scoprii una realtà per me sorprendente: chi ama scalare sulle Alpi può non voler andare in Himalaya.

Fu l'ultima di una lunga serie di rivelazioni che mi resero cosciente dell'esistenza di molti modi di andare in montagna. Nella mia quasi infantile ingenuità non concepivo che non si volesse provare la parete nord del Cervino oppure una grande via di misto al Monte Bianco o, soprattutto, un Ottomila. Il virus dell'alta quota era così profondamente penetrato nel mio animo da rendermi cieco nei confronti degli altri. Avevo iniziato la mia attività alpinistica programmando le varie scalate, nel corso dei mesi e degli anni, per prepararmi all'incontro con l'Himalaya. L'alta quota, i grandi spazi selvaggi, gli ambienti immensi e desolati, erano così ben radicati nel mio subconscio

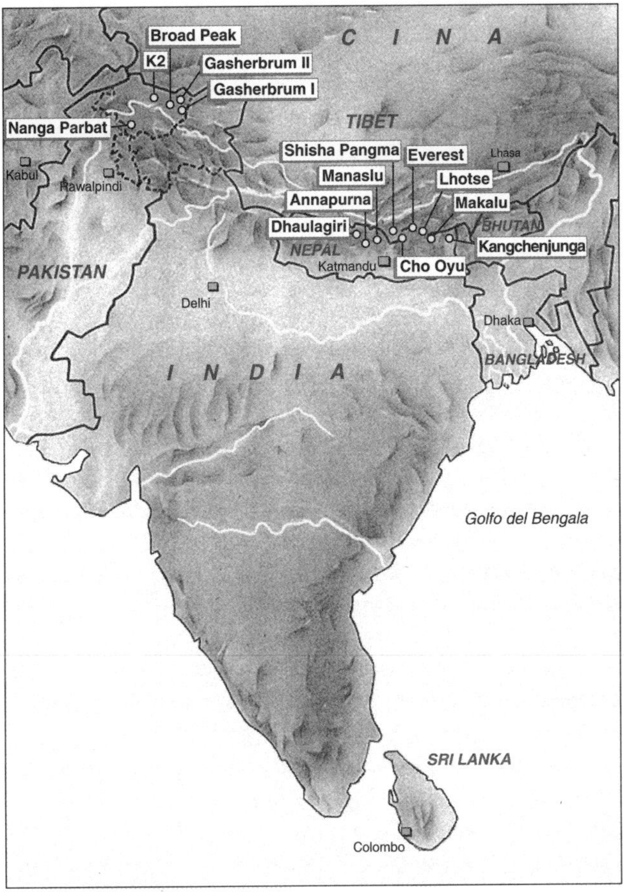

Le catene dell'Himalaya e del Karakorum con i quattordici Ottomila.

da essere diventati parte di me. Circolando nel sangue erano diventati il sangue stesso. Vivendo nel cuore erano diventati il cuore stesso. Occupando la maggior parte dei miei pensieri e dei miei sogni erano diventati il cervello stesso.

Gli altri alpinisti dovevano "per forza" voler vivere la montagna come me.

Era possibile un altro modo? Non potevo conoscere qualche cosa che non avevo mai visto né sentito.

Ma la realtà degli esseri umani è sempre diversa l'una dall'altra.

Per la vita di tutti i giorni certo... ma chi può non desiderare l'Himalaya? Nessuno, ovviamente.

Così io credevo.

Soltanto grazie al polacco Krzysztof Wielicki, che mi aveva accettato nella sua spedizione al Gasherbrum I, la possibilità di andare sugli Ottomila si era potuta avverare.

L'incontro con Krzysztof sarebbe stato decisivo per il mio futuro. Oltre alle prime invernali di Everest, Kangchenjunga e Lhotse aveva scalato, primo uomo al mondo, un Ottomila nell'arco delle ventiquattro ore.[1] Però, al contrario di quanto successo al connazionale Jerzy Kukuczka, Wielicki era rimasto pressoché sconosciuto al di fuori della ristretta cerchia degli alpinisti himalayani. I suoi insegnamenti si sarebbero rivelati fondamentali per effettuare le mie future scalate sui giganti dell'Himalaya e del Karakorum. Grazie a lui imparai in pochi mesi quello che normalmente avrei appreso nel corso di molti anni. Dopo le prime spedizioni compiute insieme, quando andai sugli Ottomila con altri compagni, mi resi conto che scalavo, pensavo e respiravo come Krzysztof mi aveva insegnato. Riuscivo finalmente a camminare con le mie gambe nel mondo rarefatto dell'alta quota.

[1] Nel 1984 salì e scese dal Broad Peak in 21 ore e 30 minuti. Nel 1996 Wielicki, dopo aver scalato il K2, riuscì anche a salire il Nanga Parbat, il suo ultimo Ottomila, diventando il quinto uomo al mondo ad aver raggiunto la vetta delle 14 montagne più alte del pianeta.

Non molto alto di statura, con un viso furbo dai lineamenti magri e affilati, Krzysztof mi impressionò subito per il carattere nervoso, duro e poco disposto ai compromessi. Durante i primi giorni di spedizione in Karakorum fui stupefatto dalla sua innata capacità di soffrire e da come affrontava grandi rischi con estrema naturalezza e calma. Non si faceva problemi per il maltempo, per il pericolo di valanghe, per la quota. Trovarsi in una bufera o immerso nella nebbia tra pericolosi crepacci non gli causava la benché minima angoscia.

«Latte, latte» urlava felice all'indirizzo di una fittissima nebbia che ci impediva di vedere a più di un metro in una brutta giornata sul Gasherbrum, a 6500 metri di quota. Mulinando le braccia nel "latte", continuava a gesticolare frenetico mentre scendeva slegato in una paurosa ragnatela di crepacci e seracchi.

Per la prima volta nella mia carriera alpinistica scalavo insieme ad un uomo che apparteneva a un livello superiore, dotato di una classe e di un organismo unici al mondo.

«Un corpo ogni due miliardi» disse una volta Piotr Pustelnik[2], per spiegarmi l'alpinista Krzysztof Wielicki.

Ci incontrammo la prima volta a Milano, a casa mia. Arrivava direttamente dalla Polonia, in macchina. Il giorno successivo sarebbe andato in Francia, poi, immediatamente dopo, in Belgio e Germania, infine di nuovo in Polonia, a casa. Era frenetico, sfinito dal lungo viaggio, con la mente occupata da mille pensieri ed altrettanti problemi da risolvere. Sprizzava elettricità attraverso due occhi marci di stanchezza. Stava preparando la spedizione al Gasherbrum I e

[2] Alpinista polacco che ha partecipato con me alle spedizioni del Cho Oyu, Shisha Pangma, Dhaulagiri, Everest e K2.

girava l'Europa per la sua professione. Dopo aver lavorato per anni alla Fiat di Tychy[3] come ingegnere elettronico, insofferente all'autorità aveva deciso di mettersi in proprio aprendo un negozio di articoli sportivi. "Over energy" Wielicki non poteva fermarsi neanche un giorno.

Mi accettò nella spedizione e iniziai così a vivere il mio grande sogno.

Il momento più difficile non lo abbiamo però vissuto in montagna ma a bordo della sua rossa Alfa Romeo scendendo dal passo dell'Aprica con il freno a mano tirato. Si erano completamente consumate le pastiglie dei freni. Mi ci volle qualche minuto per comprendere la situazione, perché Krzysztof continuava a guidare perfettamente rilassato, chiacchierando e scherzando come se nulla fosse.

«Non c'è problema, - rispose con un sorriso al mio urlo di paura quando affrontammo in derapata il primo tornante - appena arriviamo in Valtellina andiamo da un meccanico e tutto ritorna a posto.»

Wielicki è seduto nella tenda cucina e, con il dito indice della mano destra, si batte sulla fronte.

«Pazzi, pazzi» continua a ripetere.

Quante volte ho visto questa scena prima al Gasherbrum I e poi al Manaslu?

Quando Krzysztof ha tentato la prima invernale del K2, è rimasto 87 giorni al campo base. Solo un essere malato può fare una cosa del genere.

E solo chi è stato in quei posti, può capire cosa significa rimanere 87 giorni al campo base di un Ottomila. D'inverno per di più.

Al Gasherbrum I sarebbero venuti altri italiani.

[3] Città della Slesia vicino a Katowice.

Non eravamo un gruppo affiatato ma accettai ugualmente di scalare con loro. In quei giorni ancora non potevo saperlo ma i principi inderogabili, i punti fermi sui quali avevo sempre basato il mio alpinismo, avrebbero subito, con la nuova realtà himalayana, notevoli cambiamenti. Fino ad allora mi ero rifiutato di legarmi in cordata insieme ad alpinisti che non conoscevo perché ritenevo che l'amicizia e la complicità fossero presupposti fondamentali in un'ascensione. Ma le difficoltà incontrate per partecipare ad una spedizione extraeuropea riducevano le possibilità di avere sempre gli stessi compagni.

Scoprii anche che in Himalaya la maggior parte della salita la si affronta slegati. Le manovre di corda infatti, rallentando troppo l'ascesa, portano l'alpinista a rimanere più tempo sulla montagna esposto ai pericoli oggettivi e all'alta quota. Inoltre, in cordata, non si riesce più a seguire il proprio ritmo che è invece fondamentale per dosare meglio le energie. L'equazione: progressione in cordata = sicurezza, certamente esatta nella maggior parte delle scalate alpine, non lo è quasi mai su un Ottomila. Senza considerare il fatto che, a causa della stanchezza determinata dalla rarefazione dell'aria, è forse impossibile assicurare il compagno in modo corretto.

Anche per questi motivi l'impatto con l'alpinismo himalayano era stato uno choc e avevo avuto bisogno di molto tempo per accettare e capire questo nuovo mondo fino a quel momento ignoto.

Un giorno si viene accompagnati all'inizio del sentiero e non molto consapevoli iniziamo il cammino. Qualche volta il nostro percorso corre parallelo ad altri o con questi s'interseca.

Cammin facendo, però, solo raramente notiamo qualcuno, per il resto del tempo vediamo solo noi stessi.

Quando arrivammo a Karachi alle prime luci del giorno, un colore rossastro illuminava una pianura desertica. Vidi solo sabbia e rocce aride.

Come mi ero immaginato fino a quel momento il Pakistan? Improvvisamente, con l'apparire della realtà, tutti i sogni svanirono come nebbia al sole. Non mi era più possibile ricordare le immagini create con la fantasia nel corso degli anni. Ero lì, semplicemente, alla meta dei miei desideri e sentivo quegli istanti come magici ed inafferrabili.

Una strana sensazione d'incredulità mi dominava: l'Oriente, il Karakorum, l'Himalaya. Avrei visto gli stessi luoghi nei quali erano passati i pionieri dell'alpinismo himalayano. Gli stessi luoghi attraversati da Fritz Wiessner, Hermann Buhl e Walter Bonatti.

Rimanevo incollato all'oblò dell'aereo nell'attesa delle meraviglie che mi aspettavo di incontrare una volta sbarcato.

A Karachi avevo conosciuto il caldo torrido e soffocante in grado di paralizzare ogni cosa. La sosta in aeroporto era però durata poco. Un altro volo sarebbe infatti decollato quasi subito per Islamabad.

Arrivati nella capitale del Pakistan, Krzysztof venne a prenderci e andammo nella vicina Rawalpindi dove i polacchi, da qualche giorno, stavano preparando i materiali per la spedizione. Nei giorni successivi incominciai a familiarizzare con la vita tormentata che precede la partenza verso le grandi montagne. Dovevamo risolvere i numerosi problemi burocratici con il governo locale, preparare i carichi per i portatori, acquistare al bazar quanto ancora mancava, cercando di scampare al caldo torrido della città.

Krzysztof non voleva mai prendere il taxi. Costava troppo, diceva. In realtà erano solo poche rupie ma nessuno di noi osava contraddirlo. Giravamo la città macinando chilometri su chilometri sotto un sole martellante e sopra un asfalto quasi liquido. L'allenamento in montagna fatto prima di partire mi era appena sufficiente per resistere a queste marce forzate condotte sempre a un passo da maratoneta olimpico.

Percorrendo le strade di Rawalpindi e Islamabad ero rimasto sorpreso dalle persone e dal loro modo di vivere. Gli uomini erano vestiti con lunghe tuniche a tinta unita indossate sopra pantaloni del medesimo colore, mentre le donne si avvolgevano completamente con stoffe colorate coprendo anche il capo e il viso, nel rispetto della religione musulmana. Era un mondo profondamente diverso da quello occidentale, un mondo senza fretta che all'apparenza sembrava essere abulico e indifferente. Molte persone davano l'impressione di "lasciarsi vivere" senza avere uno scopo preciso, incapaci d'influenzare il proprio destino, come fossero dominate da leggi fisiche superiori.

Tutto era avvolto da una polvere gialla che saturava anche l'aria, rendendo l'atmosfera ancora più calda e pesante. Dovunque andassimo uno strano odore dolciastro impregnava ogni cosa. La sporcizia, il caldo, la confusione, il traffico assordante e tumultuoso, l'inquinamento, la miseria, il caos! Come ubriaco mi trascinavo per la città osservando ogni cosa, stupito, inebetito, rapito da quel mondo folle e irreale.

Per ben due volte, quando finalmente tutto fu pronto, cercammo di arrivare a Skardu in aereo ma il brutto tempo sulle montagne ci impedì sempre di atterrare. L'unica soluzione possibile, se non volevamo rischiare di perdere altri giorni preziosi, era quella di raggiungere la capitale del Baltistan a bordo di un pulmino percorrendo la *Karakorum Highway*.

Il nome "autostrada del Karakorum" fu sicuramente dato a questa incredibile via di comunicazione da una persona con molto senso dell'umorismo. Si tratta infatti di una strada, per lunghissimi tratti sterrata, che tortuosamente si avventura nei territori settentrionali del Paese. Buche, frane, strettoie improvvise sono solo alcuni dei principali ostacoli regolarmente incontrati durante il viaggio. Il percorso si addentra in luoghi impensabili per la loro esposizione e pericolosità. I rischi di precipitare in qualche burrone o di essere travolti da migliaia di macigni pericolanti sono sempre molto elevati.

La Karakorum Highway collega il Pakistan ai territori del Sinkiang cinese attraverso il passo Kunjerab. Lunga 1200 chilometri, fu costruita grazie all'impiego di 15.000 uomini che vi lavorarono per quasi trent'anni seguendo in parte i vecchi tracciati delle carovaniere che percorrevano la via della seta. Aperta al turismo nel 1986, per la sua realizzazione morirono 408 operai, uno ogni tre chilometri. Negli ultimi anni, per le spedizioni alpinistiche dirette in Karakorum, era diventata una valida alternativa all'aeroplano sempre troppo dipendente dalle variabili condizioni atmosferiche delle regioni settentrionali.

Partimmo di sera con le ultime luci. Avevamo ammassato i nostri bagagli, settantacinque bidoni da venticinque chili l'uno, dentro e sopra un grande autobus colorato. Non tutti i nove membri della spedizione internazionale polacca erano riusciti però a trovare posto nel veicolo stracarico e così avevamo noleggiato un altro pulmino.

Viaggiammo per ventiquattro ore filate, tranne una breve sosta per la colazione in uno strano albergo sperduto tra le aride montagne che circondano l'Indo[4]. Fu un viaggio massacrante su una delle più allu-

[4] Fiume dell'Asia meridionale lungo circa 3000 chilometri. Nasce sul versante settentrionale dell'Himalaya, in Tibet, nella regione del Monte Kailas. Attraversa l'India e il Pakistan sfociando vicino a Karachi nel Mar Arabico con un delta di 8000 chilometri quadrati.

cinanti strade mai progettate da mente umana. Seguendo il corso del fiume avevamo attraversato vallate, costeggiato gole scoscese, percorso colline infestate da predoni e risalito montagne disabitate. Dapprima in un'alternanza frenetica di immagini notturne materializzate improvvisamente dai fari dei nostri automezzi, poi arrostiti dal caldo del giorno e storditi da una musica paranoica urlata dal registratore del nostro autista, anche lui prossimo al collasso.

Più volte rischiammo di precipitare in qualche scarpata o di finire annegati nelle acque marroni dell'Indo. Non mi sarei mai immaginato di dover azzardare tanto solo per un viaggio in pullman. Al momento le grandi montagne del Karakorum e dell'Himalaya sembravano essere dall'altra parte del mondo. Nella mia mente era svanito ogni pensiero di alpinismo. Le scalate, gli allenamenti, gli Ottomila, tutto si era dissolto tra le curve di quella pazza strada.

Attraversammo villaggi miseri e sporchi a volte costituiti solamente da qualche casa di fango e pietra. Sotto i portici erano stati sistemati letti di legno che permettevano di dormire godendo del fresco della notte. Per molte famiglie la strada rappresentava la principale fonte di vita. Mentre le donne rimanevano sempre nascoste all'interno delle case, gli uomini e i bambini restavano in attesa del passaggio di qualche veicolo con la speranza che i viaggiatori si fermassero a mangiare un po' di riso.

Il cibo fu un'altra sorpresa. L'alimento base era il *ciapati*, un piccolo pane rotondo cotto alla piastra senza sale né lievito. Solo un po' di *atta*, la farina locale, impastata con l'acqua e arrostita sul fuoco. Anche il riso veniva bollito senza sale e servito insieme al *dal*, piccole lenticchie disponibili in diverse qualità. Infine il pollo, cucinato in tutte le salse possibili ma sempre, rigorosamente, piccanti.

Dopo alcuni giorni avevamo lo stomaco rovinato e il gusto di una birra fresca, in questo paese musulmano, divenne il miraggio dominante per tutta la durata della spedizione.

Stavamo per arrivare a Skardu: ai tempi delle

La Karakorum Highway.

prime spedizioni del dopoguerra era l'ultimo villaggio raggiungibile con l'aereo. La vittoriosa spedizione italiana del 1954 diretta al K2 aveva iniziato qui, a piedi, il suo avvicinamento alla seconda montagna della Terra. Nel maggio '92 la situazione era molto cambiata rispetto ad allora. Skardu non costituiva più l'ultima frontiera verso l'ignoto ma era diventato un grosso centro commerciale. A nord, tra i villaggi da attraversare durante la marcia verso il ghiacciaio Baltoro, erano già stati costruiti alcuni tracciati percorribili in jeep.

Quando vidi diminuire la pendenza della strada, capii che non poteva mancare molto alla fine di quel viaggio tribolato. Dapprima le curve diventarono meno frequenti, poi anche le alte e ripide pareti della stretta gola scavata dall'Indo cominciarono ad allargarsi. All'improvviso un'ampia valle, larga e pianeggiante, si spalancò come d'incanto ed apparve a perdita d'occhio sabbia bianca circondata da alte muraglie di roccia nera. Eravamo arrivati nella valle di Skardu.

Viaggiare in Paesi lontani, provare quella profonda sensazione di stordimento provocata dalla favola che si avvera: quel senso di avventura e d'ignoto che tanto avevo sognato da bambino camminando nei boschi delle Prealpi lombarde. Vivere alla giornata senza avere ogni ora programmata, senza essere attorniato dalla folla o dal traffico puzzolente e angosciante. Quanti luoghi al mondo potevano ancora offrire una natura non completamente dominata dall'uomo? E quante situazioni potevano ancora consentire un'esistenza dove gli unici problemi riguardavano il cibo, l'acqua e le condizioni meteorologiche?

Ero riuscito a spezzare la catena della vita nella grande città, una vita di obblighi civili e di routine quotidiana. Adesso avevo la prova materiale dell'esistenza di un altro modo di vivere e della possibilità di sperimentarlo. Possedevo la forza per compiere questo passo e rendere concreto un nuovo cammino. Non soltanto sogni che rimangono tali per un'intera esistenza, anche realtà.

Quando, appena laureato, avevo scelto di abbandonare un mondo e un lavoro che non sentivo miei e che mi opprimevano, sapevo di andare in una direzione pericolosa, controcorrente. Decisi di seguire l'istinto, di vivere le mie idee e i miei sentimenti, pronto anche a pagarne le inevitabili conseguenze. Però non c'era voluto molto coraggio. Mi bastò immaginare un futuro in ufficio, tra carte, codici e leggi. Un futuro fatto sempre di cinque giorni lavorativi alla settimana e altri due trascorsi in pantofole davanti alla televisione. Avvertii il desiderio di passare sotto a un seracco pericolante, di provare quella frustata potente che attraversa i nervi e il sangue e che ti fa sentire vivo e forte. Sentii la necessità fisica di ritrovarmi esausto al termine di un ghiacciaio, prosciugato dalla sete e dalla fame, con i muscoli sfiniti e i tendini a pezzi. Nel momento di decidere mi resi conto che la scelta era già stata fatta, maturata inconsciamente nel corso degli anni. Non ci furono traumi né dubbi ma solo una gran gioia di poter fare quello che mi piaceva. Potevo finalmente andare sulle più alte montagne del mondo.

Comparve all'improvviso uno spettacolo fiabesco che mi sarei aspettato d'osservare in Egitto, sulle rive del Nilo, piuttosto che nel cuore del Karakorum. Tutta la piana era occupata da numerosi e larghi corsi d'acqua finalmente liberi dalle strette gole delle montagne. Un forte vento alzava nuvole di sabbia creando vortici meravigliosi.

Malgrado fossimo molto stanchi, nessuno volle rimanere in albergo anche perché bisognava terminare gli ultimi acquisti iniziati a Rawalpindi. Incominciammo così a girare per le strade di Skardu in cerca dell'equipaggiamento mancante. In un bazar di stoffe, scegliemmo quella più adatta per fare le bandierine da fissare sulle canne di bambù che avremmo utilizzato come segnavia sul ghiacciaio Gasherbrum Sud. Ci piacque un bel tessuto di cotone giallo vivo; era l'ideale in caso di nebbia. Andammo poi in un piccolo negozio che vendeva fornelli a benzina. Fakir, il nostro cuoco *hunza,* ne comprò due batterie grosse e pesanti tutte colorate di blu. La decisione di quanta benzina occorresse fu una faccenda tutt'altro che semplice. Solo dopo lunghe discussioni vennero riempite alcune taniche di plastica da venti litri ciascuna.

Skardu è costruita lungo una strada principale che attraversa tutto il paese. Perpendicolarmente, vie più piccole si diramano in continuazione. Il traffico non era molto intenso ed era formato soprattutto da fuoristrada giapponesi impegnati ad andare avanti e indietro senza uno scopo apparente.

In una piccola bottega, il cui proprietario era un amico del nostro *sirdar*[5], comprammo *dal* e *atta*. Trovammo tutte le qualità di *dal*: alcune erano grosse e gialle, altre marroni più simili a quelle europee, infine, quelle più piccole, di un colore rosso vivo. Erano contenute in grossi sacchi di iuta allineati a semicerchio all'interno del negozio. Ne prendemmo di ogni tipo. Il *dal,* insieme al *ciapati* e al riso, sarebbe stato l'alimento principale per tutta la durata della spedizione.

A Skardu, nonostante la stanchezza causata dal lungo viaggio, mi sentivo molto meglio. Finalmente il fresco delle montagne mi stava facendo dimenticare il clima torrido di Rawalpindi. Ero ansioso di sapere cosa ci avrebbe riservato il futuro. Scrutavo continuamente la piana dell'Indo cercando di scoprire il percorso che avremmo dovuto seguire il giorno successivo. Sempre più spesso guardavo verso nord. Laggiù,

[5] Nome con il quale viene indicato il capo dei portatori.

da qualche parte, il ghiacciaio Baltoro ci stava aspettando. Come già mi era successo l'anno precedente in Sud America durante l'avvicinamento all'Aconcagua[6], anche in questa regione del Karakorum rimasi colpito dall'ambiente desertico.

La vegetazione era scarsissima. Prosperava solamente dove le popolazioni locali avevano costruito canali d'irrigazione per convogliare le acque provenienti dai ghiacciai. Tutto il resto era solo un mondo di rocce e sabbia. Con l'immaginazione mi ero raffigurato un ambiente più rigoglioso ed accogliente e man mano che passavano i giorni comprendevo sempre meglio la definizione di "deserto freddo d'alta quota" con la quale venivano spesso indicati questi luoghi. Cosa avremmo trovato al di sopra dei 4000 metri? E come avrei reagito ad una lunga permanenza in luoghi così selvaggi e lontani da ogni dimensione umana?

Fino a quel momento avevo avuto poco tempo per pensare agli Ottomila. I lunghi trasferimenti, le formalità burocratiche e i preparativi mi avevano assorbito completamente. Tutto si era svolto in maniera così frenetica che stentavo a immedesimarmi nella nuova realtà.

Corpo e mente dovevano ancora adattarsi a questo grande cambiamento. Avevo spalancato una porta sconosciuta che, appena oltrepassata la soglia, si era subito richiusa alle mie spalle lasciandomi in un mondo nuovo. Mi rendevo solamente conto di trovarmi in una dimensione molto particolare. Tutte le esperienze fatte in dieci anni di alpinismo non erano sufficienti per comprendere gli Ottomila.

In quei giorni iniziai a capire che il Gasherbrum I

[6] L'Aconcagua (6959 m) è la più alta vetta delle Ande e delle Americhe.

sarebbe stato il primo gradino di una nuova scala, l'inizio di un nuovo modo di essere.

Percorrendo il ghiacciaio Gasherbrum Sud eravamo saliti, dopo aver attrezzato un campo deposito, fino al vasto plateau a 6000 metri di quota. Il campo I era costituito da una tenda a tre posti dove trascorremmo la notte in cinque persone. Il mattino seguente iniziammo a rientrare verso il campo base. Volevamo attrezzare con corde fisse alcuni tratti del ghiacciaio per renderlo più agevole e sicuro.

Paolo Bernascone scende lentamente lungo il ripido pendio di neve calandosi con il discensore sulla corda fissa. Procede piano perché fatica a sbrogliare la corda tutta attorcigliata e, nel frattempo, tende inavvertitamente a spostarsi verso il centro del pendio. Krzysztof Wielicki e Giorgio Passino gli urlano sempre più insistentemente di spostarsi verso la sua sinistra in modo da rimanere defilato rispetto allo scivolo innevato. Quando Paolo arriva al termine della corda

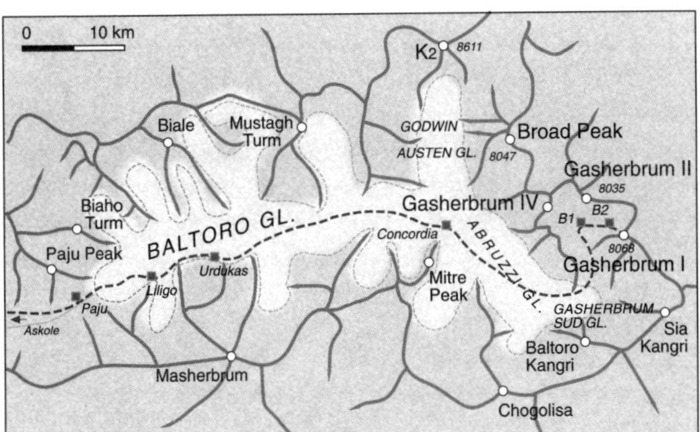

L'area del ghiacciaio Baltoro con i quattro Ottomila del Karakorum.

fissa, Kurt Walde comincia a seguire le sue tracce, faccia a valle, utilizzando la fune come corrimano. Prima del distacco della valanga riesce a percorrere cinque, forse sei metri.

Sentii un gran botto alla mia sinistra, un rumore secco e violento come una fucilata, ma molto più forte ed imponente. Istintivamente capii cosa stava accadendo e mi "buttai" sulla corda fissa temendo che il peso della neve potesse strappare l'ancoraggio costituito da due chiodi e un lungo fittone di alluminio piantati in una roccia.

Nella mia memoria è rimasta solamente l'immagine di Kurt trascinato in una nube di neve mentre sparisce nel turbinio della slavina. Ricordo la figura di Krzysztof davanti a me aggrappato alla corda e, alle mie spalle, quella di Giorgio impegnato anche lui a scaricare la tensione prodotta sulla fune dalla neve in movimento. Poi il silenzio.

Guardando il pendio potevo vedere solo il bianco della neve e il blu-nerastro del ghiaccio che affiorava, simile ad una grande cicatrice, sul declivio messo a nudo dalla valanga. I nostri compagni erano scomparsi.

"Sono morti entrambi" pensai immediatamente.

Vissi questo momento senza terrore o dolore ma in una calma irreale. Quello che mi sorprese maggiormente fu la velocità con cui tutto si era svolto. Come era possibile che fosse successo? Così, subito, senza nessun avviso, in uno schifoso attimo inaspettato?

Il primo a reagire fu Krzysztof. Scese di scatto dimenticando persino la piccozza. Arrivato alla fine della corda, ancora intatta, se ne accorse e urlò di portargliela.

Allora, improvvisamente, si manifestò con chiarezza la nostra situazione. Addentrarsi lungo la parete sulla quale si era staccata la valanga voleva dire infilarsi in una trappola. Sopra la linea di rottura della slavina un immenso pendio di ghiaccio era sospeso senza più l'appoggio della neve precipitata a valle. In ogni momento il nuovo equilibrio poteva rompersi.

La roccia dove ci trovavamo era l'unico punto in grado di offrire una certa garanzia di sicurezza. Non era facile abbandonarla volontariamente. Inoltre, arrivati al termine della corda fissa, avremmo dovuto scendere tra i seracchi un terreno a noi ignoto. D'altronde non potevamo neanche stare lì senza far niente. Dopo qualche attimo d'indecisione afferrai la piccozza di Krzysztof e cominciai a calarmi lungo la corda. Non appena lo raggiunsi sparì fra i seracchi dentro un lungo budello di ghiaccio verde continuando a ripetere: «Dobbiamo aiutare, dobbiamo aiutare.»

Mi sforzavo di ragionare con calma; non volevo farmi prendere dalla fretta o dall'agitazione e commettere qualche stupido errore. Quando, subito dopo, Giorgio arrivò alla mia altezza, provai ad assicurarlo nel colatoio con il nostro cordino di kevlar, ma questo si attorcigliava maledettamente impedendomi ogni manovra. Dopo un po' sentii la tensione della corda allentarsi di colpo: Giorgio si era slegato e stava scendendo, anche lui senza assicurazione, dentro il canale di ghiaccio. Facendomi coraggio e cercando di mantenere il sangue freddo, arrivai presso i miei compagni sul ghiacciaio sotto la fascia di seracchi.

I primi a trovarsi sul posto dove erano precipitati Paolo e Kurt furono gli americani della spedizione al Gasherbrum IV. Proprio nel momento in cui si era staccata la valanga, stavano risalendo il ghiacciaio Gasherbrum Sud per arrivare al plateau a 6000 metri.

Sul luogo dell'incidente vidi Krzysztof vicino ad un alpinista americano.

«Paolo è morto» mi disse. Lo guardai incredulo come se non capissi il senso di quelle parole. Allora mi indicò una massa scura proprio ai suoi piedi e notai il corpo di Paolo sdraiato nella neve con le gambe piegate. Solo allora riconobbi quella massa scura. Stranamente non chiesi niente di Kurt, non feci nessuna domanda perché pensavo fosse morto anche lui. Vedevo Giorgio cinquanta metri più a valle dietro un piccolo seracco nella luce del sole. Camminava nervosamente avanti e indietro, si agitava, ogni tanto guardava verso di noi, accennava a raggiungerci ma poi ritornava sui suoi passi. Mi mossi meccanicamente nella sua direzione chiedendo a Krzysztof: «E Kurt?»

«Kurt è là con Giorgio, sta bene.»

Una sensazione di meraviglia si impadronì di me, raggiunsi Giorgio e vidi sotto il piccolo seracco, quasi uno spuntone di ghiaccio, Kurt seduto nella neve. Ad un esame superficiale sembrava non avere riportato ferite gravi, ma nessuno di noi poteva sapere se, dopo un simile volo, avesse subito lesioni interne. Per fortuna riusciva a reggersi in piedi pur camminando con grande difficoltà.

Dovevamo tornare subito al campo base; il percorso però era lungo e difficile. Un grande ghiacciaio pieno di crepacci e seracchi si allungava verso valle. Bisognava percorrere seicento metri di dislivello prima di poter arrivare, al sicuro, alle nostre tende. Non era facile con Kurt in quelle condizioni. Per farlo scendere dovevamo lavorare in tre; Giorgio davanti, con molta pazienza, scavava con la piccozza dei gradini nel ghiaccio per fare appoggiare a Kurt i piedi in posti sicuri. Sovente, nei passaggi più difficili, prendeva gli scarponi e glieli metteva sui gradini appena fatti. Dall'alto Krzysztof, con la corda, lo teneva per evitare che cadesse. Infine io assicuravo Krzysztof nel caso Kurt lo avesse sbilanciato scivolando. Uno degli americani era subito sceso al campo deposito a 5600 metri per preparare un po' di tè.

Gli altri due mi seguivano in silenzio.

Pensare di trasportare Paolo, un peso di ottanta chili, lungo quel ghiacciaio fu un'ipotesi subito scartata. Krzysztof disse: «Dobbiamo seppellire Paolo dentro un crepaccio.»

Lo legammo alla corda con un moschettone e lo facemmo scivolare dentro una fenditura sotto un grosso seracco. Dall'alto calai il cadavere nel buco. Krzysztof scese sotto il salto di ghiaccio e lo persi di vista. Dopo aver calato Paolo per circa dieci metri sentii che Krzysztof aveva reciso la corda.

La tormenta di neve è ormai scatenata. Le grosse moffole in piumino mi rendono difficoltoso impugnare bene la jumar[7]. Con un ultimo sforzo infiggo le punte dei ramponi sulle pareti di roccia del diedro che sto risalendo e mi ribalto sfinito sul terrazzino dove mi sta aspettando Wielicki.

«Facciamo deposito qui e poi scendiamo» dice con calma.

Assicuriamo il materiale a un chiodo e ci prepariamo a tornare indietro.

La neve vortica nell'aria, il gelo è feroce, ogni roccia è ormai incrostata di ghiaccio. Dobbiamo andarcene da questa natura selvaggia.

Cominciamo la discesa calandoci con il discensore sulle corde appena sistemate lungo la parete nord-ovest. Senza rimpianti lascio questo ripiano di neve sospeso a 7000 metri di quota tra Pakistan e Cina. Tutto il Gasherbrum I è avvolto dal maltempo. Da oltre tre settimane la bufera spazza con violenza la catena del Karakorum.

Kurt era stato soccorso al campo base da un eli-

[7] Speciale maniglia autobloccante usata in alpinismo per risalire sulle corde fisse.

cottero dell'esercito pakistano. Con lui se ne era andato anche Giorgio che aveva preferito interrompere la spedizione. Un nodo mi aveva stretto la gola quando avevo visto l'elicottero militare decollare e portar via i miei compagni.

Al campo base, dopo la morte di Paolo, avevamo discusso su come comportarci. Stabilimmo che ciascun membro della spedizione avrebbe dovuto seguire la propria coscienza.

Giorgio rientrò in Italia anche per accompagnare Kurt, non ancora completamente autonomo. Krzysztof, Mariusz Sprutta e io restammo per provare nuovamente a raggiungere la vetta del Gasherbrum I. Gli dei però avevano disposto che per quella stagione nessuno della nostra spedizione avrebbe potuto salire gli 8068 metri della seconda montagna del Karakorum.

Che cosa mi aveva indotto a rimanere? Non riuscivo a districare il terribile groviglio di pensieri e sensazioni che mi divoravano. L'unica cosa chiara era che una mia rinuncia non avrebbe riportato in vita Paolo. Decisi di provare nuovamente a salire la montagna, lo scopo per il quale tutti noi avevamo lasciato le nostre case. Non avvertivo rimorsi perché Giorgio era tornato e non consideravo l'eventuale arrivo in vetta come una vittoria o come una dedica alla memoria di Paolo. Semplicemente ero lì per il Gasherbrum I, le sue pareti, i ghiacciai e i seracchi. La natura mi indicava la direzione da seguire.

Con un piccolo rumore secco la neve inizia a precipitare. La valanga!

Rimango in piedi con le gambe leggermente divaricate sentendomi come su un "tapis roulant".

"Questa volta frega me" è il lampo che attraversa la mente.

Paura, incredulità, palpitazioni a mille.

Dopo pochi metri la neve si arresta in una piccola conca proprio di fianco a Krzysztof.

«Basta! Non ne posso più di questa porcheria» sbotto nervoso ancora con il cuore in gola.

Dopo la morte di Paolo vedo valanghe da ogni parte, le avverto a ogni passo. Ogni pendio mi dà l'impressione di essere sul punto di cadere. Inoltre le condizioni della montagna sono sempre pessime. Nevica ogni giorno e le nostre tracce sul ghiacciaio vengono ricoperte in poche ore. Continuare la salita diviene un calvario più spirituale che fisico.

Siamo l'unica spedizione su tutta la montagna. Ci addentriamo in valloni glaciali deserti, lungo pendii di neve sempre vergine. La nostra via attraverso il Gasherbrum-La e lungo la parete nord-ovest è molto esposta alle slavine.

Anche Krzysztof non vuole mollare. Proviamo molte volte a raggiungere la vetta ma sempre inutilmente. La montagna fuma giorno e notte avvolta dalla bufera e dalla neve. Dobbiamo rinunciare, ritornare al campo base sfiniti, demoralizzati, con la coda tra le gambe.

Alla fine di giugno terminano le provviste e il kerosene della cucina inizia a scarseggiare. Per qualche giorno ancora ci nutriamo con un po' di zuppa: acqua calda con qualche pezzo di verdura liofilizzata. Azzardiamo un ultimo tentativo che, ancora una volta, fallisce a 7000 metri. È la fine della spedizione. Krzysztof decide di smontare i campi e di rientrare a Islamabad.

Non posso attendere i portatori chiamati dal nostro ufficiale di collegamento. Restare sotto il Gasherbrum I sapendo che non potrò più provarne la vetta è insopportabile. Il mattino seguente faccio lo zaino e mi incammino da solo sul ghiacciaio Duca degli Abruzzi.

Galleggio su gigantesche morene, avvertendo alle mie spalle la svettante massa della montagna. In prossimità di Concordia appaiono il K2 e il Broad Peak, passo sotto la parete ovest del Gasherbrum IV...

Quando, dopo il Circolo Concordia, imbocco il Baltoro verso casa, penso già al giorno in cui potrò ritornare.

Manaslu, Rifugio dell'Anima

Uno dei regali che mi venne fatto dai miei genitori nel giorno di un compleanno fu un altimetro. Era molto bello e preciso ma con un difetto; misurava fino a 4000 metri. Allora non pensavo ancora all'Himalaya e ai suoi Ottomila, ma certamente era già ben vivo in me il desiderio di scalare almeno il Monte Bianco. Il mio altimetro poteva andare bene in Dolomiti, non sulla più alta cima delle Alpi.

Timidamente feci osservare a mio padre e a mia madre che l'altimetro arrivava "solo" fino a 4000 metri.

«Figurati, perché? Dove credi di andare?» fu la loro sorpresa risposta.

Il mio progetto sul Gasherbrum I era fallito nella maniera peggiore. Paolo giaceva in fondo a un crepaccio del ghiacciaio Gasherbrum Sud e Kurt, probabilmente, non avrebbe più provato a salire un Ottomila.

Il 7 settembre dello stesso anno ripartii nuovamente. Questa volta la destinazione si chiamava Manaslu. Era una scommessa molto azzardata, ma avevo deciso di giocare un'altra partita.

Il 28 settembre 1992 alle 11.45 raggiunsi la cima del mio primo Ottomila insieme a Krzysztof Wielicki e a Christian Kuntner. Ebbi la fortuna mancatami al Gasherbrum I.

In quei mesi di spedizione molto cambiò in me. Avevo vissuto troppe esperienze per non cambiare, ma mi serviva ancora tempo per capire con precisione la mia nuova vita. Sapevo, dopo anni di sogni e di speranze, di essere riuscito a schiudere le porte dell'Himalaya. Però non ero più così sicuro di volerle mantenere aperte anche in avvenire. Potevo continuare ad andare in Himalaya per anni ma, per la prima volta, mi accorsi di poter anche smettere con quel tipo di alpinismo. Il mio primo Ottomila non era un inizio ma solo una fine?

Nell'animo sentivo ancora ben viva la forza che mi spingeva a scalare quelle montagne inumane, ma avvertivo qualche cosa di nuovo in grado di modificare la mia vita. Per l'anno successivo c'erano già, naturalmente, ulteriori progetti. Altre scalate su altri Ottomila. Nuovi sogni che, forse, una volta realizzati si sarebbero trasformati in cenere.

Ero un eterno insoddisfatto teso a inseguire una chimera irraggiungibile? Solo il futuro poteva dare una risposta.

Sama, Namrun, Philim, Machacola, Arugat, Gorka, Kathmandu. Soltanto punti sulla carta geografica, rimasti però dentro di me per sempre. Durante il ritorno dal Manaslu avevano costituito un problema e una fuga senza respiro. Ma una volta terminata la spedizione e rientrato a casa? Cos'era quel sentimento di nostalgia e di rimpianto avvertito quando ricordavo quei luoghi?

Mi sentivo svuotato. Svuotato nel corpo e nello spirito. Ero privo di sensazioni quando ripensavo alla vetta. Questo fatto mi sembrava inspiegabile, a rigore sarei dovuto impazzire di gioia. Ero dominato dalla confusione e le emozioni tornavano solamente quando pensavo agli Ottomila che avrei scalato l'anno successivo.

A casa posso riflettere con tutta calma. Quale gioia c'è in me per questo mio primo Ottomila? Adesso non molta, forse troppi pericoli o anche troppa fatica.

Desiderare le cose è importante, averle no?

Dopo la cima lasciai la spedizione, insieme a Christian Kuntner, per rientrare a casa. Non immaginavamo neppure la tragedia in agguato. Quando Krzysztof tornò in Polonia mi sconvolse con una terribile telefonata: «Silvia e Sven sono morti precipitando da 7000 metri.»

Altri due nostri compagni avevano perso la vita su un Ottomila. Due spedizioni e tre morti! Subito dopo scrissi: «È la disperazione degli Ottomila! Perché noi siamo tutti pazzi, malati di mente ai quali è concesso il privilegio di girare indisturbati invece di essere rinchiusi in un manicomio. Legati con una camicia di forza.»

Prima di finire la telefonata, Krzysztof mi ha detto che proprio in questi giorni è arrivato il permesso per il prossimo autunno. Destinazione Cho Oyu e Shisha Pangma. Quanti morti per questi due Ottomila?

Anche Christian era stato contagiato dalla "follia" degli Ottomila.

Mai prima di allora avevo sentito una persona maledire e imprecare tanto quanto Christian al Manaslu, sia al campo base che durante la sosta ai campi in quota. Si malediva, malediva me, gli altri e la montagna. Giurava che mai più, dopo questa spedizione, sarebbe tornato in Himalaya. Faceva programmi per le prossime ferie sognando il mare e giri in Alaska con la canoa insieme alla ragazza. Eppure, scesi al campo base il giorno dopo la cima, stavamo già organizzando la spedizione al Broad Peak.

In Italia, parlando al telefono con Christian, ho saputo un fatto nuovo. In discesa, appena sotto la cima, una placca di neve ventata gli si era rotta all'improvviso sotto un rampone. Era volato per più di cento metri sulla parete e si era fermato su un pianoro di neve. Aveva sfiorato la morte. La sua ora non era ancora arrivata?

L'Asia è un mondo magico, repulsivo e affascinante nello stesso tempo. Parlando dell'Africa si dice esista il "mal d'Africa". Per l'Asia non ci sono definizioni simili, ma forse l'Himalaya è come una bianca sirena capace di catturarti l'anima per l'eternità. Appena tornato dal Manaslu avevo già nostalgia di quelle terre anche se molte volte mi avevano disgustato. Quando lasciai il Nepal e la catena himalayana, rimase in me qualche cosa di indefinibile che mi spingeva a ritornare in quei luoghi. Erano forse i grandi spazi selvaggi ormai sconosciuti in Europa?

Durante le notti trascorse al campo base, mentre la pioggia batteva con violenza sui teli della tenda ed ero disteso nel sacco-piuma ascoltando musica dal registratore, sentivo molta tristezza e nostalgia di casa. Tutto mi appariva privo di senso e la montagna la vedevo inutile e stupida. Ancora oggi mi domando come ho fatto a resistere e perché non sono rientrato subito a casa. Ma non ho una risposta a questo mio comportamento. Cosa mi lega così profondamente all'Himalaya?

Quando ti trovi sotto questi colossi tutto tace. Troppo grande la realtà quando è di fronte? Il Manaslu dal campo base era bello. Molto bello. Ma guardandolo non sentivo niente. In montagna un fatto del genere mi era successo solo una volta. Al Gasherbrum I, un altro Ottomila.

Alla fine della spedizione, arrivato in Italia dopo settimane passate sempre in movimento, sentivo la necessità fisica e psicologica di camminare e fare fatica. Come un drogato avevo bisogno della mia "dose" quotidiana e se, per un qualsiasi motivo, non riuscivo ad andare in montagna, cadevo in crisi d'astinenza. L'organismo iniziava a creare problemi e mentalmente mi sentivo insoddisfatto e angosciato come se avessi commesso una cattiva azione. Ero appena tornato dall'Himalaya, dove avevo trascorso più di tre mesi, con mille paure e mille dubbi. Tre mesi nei quali erano state sconvolte tutte le mie certezze. Però sentivo già la passione riprendere a serpeggiare nelle vene. Nel sangue la pazzia degli Ottomila stava lentamente ricominciando a scorrere. La sola idea di non riuscire a organizzare per l'anno successivo la spedizione al Broad Peak mi gettava nello sconforto più profondo. Da Krzysztof avevo avuto l'invito a partecipare alle sue spedizioni al Cho Oyu e allo Shisha Pangma, organizzate per l'autunno.

"Ma come? - mi dicevo - L'anno prossimo dovrei fare una sola spedizione in autunno? È vero che è a due Ottomila, ma fino al prossimo autunno! Non posso aspettare tanto. Devo andare al Broad Peak. Devo!"

Dopo solo dieci giorni trascorsi a casa ero tornato quello di un tempo. Il mio animo viveva ancora nel mondo dell'alta quota e nelle valli ai piedi degli Ottomila. Il grande sogno era risorto e sarei tornato a consumarmi in quelle terre lontane, per camminare e osservare dal punto più alto il mondo e me stesso. Avevo nuovamente nostalgia della sporcizia di Kathmandu, dell'odore pesante e dolciastro dei vicoli. Avevo nostalgia della sua frenesia di città asiatica, della gente e delle sue abitudini. Della tensione che ti pervade prima della spedizione e del nirvana raggiunto su quelle montagne. Avevo nostalgia di quei deserti di civiltà e della vita selvaggia che rinsecchisce la volontà e prosciuga l'energia del corpo.

Dopo le tragedie del Gasherbrum e del Manaslu non potevo più sopportare l'idea che i miei programmi potessero mettere in pericolo la vita di altre persone. Rimanevo sereno solamente se ero io a dover rischiare. Solo di me stesso volevo rispondere. Quando, nonostante tutto, finivo per coinvolgere persone care, ero preda di una insicurezza profonda. Inoltre, tornato a Milano, non riuscivo più a inserirmi nel mondo cittadino e, per la prima volta, avevo provato paura perché sapevo di essere diventato un girovago con la casa nello zaino.

Quando il 12 settembre arrivammo al campo base del Manaslu a 4200 metri di quota, il tempo era brutto e pioveva. C'era molta umidità e avevamo montato le tende sotto l'acqua. Nessuno di noi stava veramente bene. Mario Corradini poi, a Kathmandu, si era ammalato. La sua spedizione era già segnata.

Di notte iniziai a rigirarmi nel sacco piuma. Avvertivo strani dolori al fianco destro e un diffuso malessere in tutto il corpo. All'improvviso un conato di vomito contrasse lo stomaco lasciandomi appena il tempo di aprire la tenda e sporgere la testa. Come se avessi espulso una presenza malvagia mi sentii subito meglio. Il giorno seguente la pioggia della notte aveva ripulito tutto lavando anche il mio organismo. Avevo superato il momento critico e accettato anche questa nuova spedizione?

Il mattino uscii dalla tenda e vidi per la prima volta sei aquile. Erano dei magnifici esemplari venuti a compiere grandi voli in cerchio sopra il nostro campo, probabilmente incuriosite da quegli strani esseri a due gambe presenti sul loro territorio. Dovevano avere il nido sui costoni rocciosi dall'altra parte della valle, proprio di fronte a noi. Erano gigantesche. Ogni volta la loro comparsa creava una rapida corsa alle macchine fotografiche. Le aquile al campo base del Manaslu!

Arrivammo in vetta alla fine di settembre. Krzysztof diventò, dopo la sua nuova via aperta nel 1984, il primo uomo al mondo ad aver scalato la cima del Manaslu per due volte. Per lui era un altro record da aggiungere alla sua lunghissima lista. Christian, dopo aver salito il Cho Oyu nel 1991 con la polacca Wanda Rutkiewicz, era al suo secondo Ottomila. Per me fu il battesimo. Per la prima volta raggiungevo la cima di una montagna superiore a quella fatidica quota, il sogno di tutta la mia vita di alpinista si era finalmente avverato. Però soltanto molti giorni dopo la vetta, ripensando alle fasi finali dell'ascensione, riuscii a capire chiaramente quanto la mancanza di ossigeno mi avesse alterato la mente. Durante la scalata mi addormentavo attaccato alla piccozza piantata nella neve. Vedevo in continuazione macchie verdi volteggiarmi davanti agli occhi come farfalle. Sentivo Krzysztof parlarmi, ma lui era così lontano che non avrei potuto udirlo neanche se avesse urlato con un megafono. C'era il viso della mia ragazza nel margine sinistro degli occhi. E stavo male perché non avevo niente da bere: 1600 metri di dislivello fino a 8163 metri di quota senza liquidi! Ma la borraccia era nello zaino di Christian e salivamo distanziati l'uno dall'altro seguendo ognuno il proprio ritmo. Durante gli ultimi 300 metri fui colto da vomito causato dalla gola completamente secca. Erano attacchi molto violenti, così forti da alterare completamente il respiro facendomi girare la testa. Il cuore batteva velocissimo mentre cercavo di calmarmi, completamente terrorizzato al pensiero che potesse scoppiare qualche cosa.

Anche il panorama non lo ricordo quasi per niente. In vetta il cervello non registrava le immagini, guardavo l'altimetro ma non riuscivo a capire la quota segnata. Solo dalle fotografie, a casa, ho potuto ricostruire le immagini della cima.

A quelle altezze tutto è affidato al caso, tutto è un'incognita. La ragione non esiste più, completamente eliminata dalla rarefazione dell'aria. Sono l'istinto e i sensi a portarti in vetta e poi di nuovo al campo base.

E il destino? Forse è il grande artefice di tutto, il mago nero che controlla ogni evento.

Il pentolino del tè fuma all'interno della tenda. Un denso vapore acqueo si condensa sui teli e, subito dopo, solidifica formando un compatto strato ghiacciato.

«Queste maledette tende d'alta quota!» impreco quando tento di girarmi per versare il liquido bollente nel bicchiere di Christian.

Il caos primordiale doveva essere molto simile all'interno del nostro riparo. Navighiamo sopra sacchi-piuma, materassini, pile frontali, zaini, imbragature. Ogni tanto compare una scatola di sardine sott'olio, pezzi di formaggio di yak[1] comprati a Kathmandu, biscotti, salsicce, un misterioso paté di gallina di provenienza polacca e, anche, il pappagallo di plastica che Christian usa per i suoi bisogni notturni. La cosa più pericolosa, però, sono gli scarponi ai quali abbiamo già montato i ramponi. Non c'è alcun modo per ripararsi dalle punte d'acciaio che affettano tutto quello che incontrano. Potremmo metterli fuori dalla tenda ma si ghiaccerebbero subito.

Quota 6600 metri, leggo sull'altimetro. Quando siamo arrivati questo pomeriggio alle tende del campo II, Krzysztof ha deciso che avremmo provato la vetta direttamente da qui. La sua decisione mi crea molti dubbi e paure, vuol dire infatti scalare quasi 1600 metri di dislivello prima di arrivare in vetta e,

[1] Bovidi caratteristici dell'altopiano tibetano.

naturalmente, doverli ripercorrere in discesa per rientrare al campo. Ne sarò capace? Non utilizziamo ossigeno né portatori d'alta quota e non conosciamo cosa ci aspetta. Un gigantesco pendio nevoso sovrasta le tende. Un'immensa parete per un'immensa montagna. Christian accetta subito la proposta di Krzysztof. Ha già scalato il Cho Oyu, conosce il suo fisico e, soprattutto, sa di poter arrivare a 8000 metri.

«Partiamo alle due» sentenzia Krzysztof dalla sua tenda posta di fianco alla nostra.

A mezzanotte una potente imprecazione rimbomba nel cielo del Manaslu.

«Muovetevi, maledizione, cosa aspettate a uscire?»

Apro di scatto la cerniera per vedere cosa succede. Krzysztof appare all'improvviso di fronte all'abside. La sua figura si staglia incerta nell'oscurità, illuminata dalla frontale. È già pronto! Con movimenti nervosi sta cercando di allacciare l'imbragatura che i grossi guanti imbottiti gli impediscono di manovrare bene.

«Ma, Krzysztof... avevi detto alle due.»

«Abbiamo molto da scalare, partiamo adesso» replica con decisione alle mie timide proteste.

«Porca vacca! Si va adesso» urlo all'amico ancora immerso nel sonno. Un'agitazione incontenibile attraversa di colpo la tenda. Krzysztof continua a saltellare nervosamente nella neve mettendoci fretta. Nello spazio limitatissimo della tenda ci vestiamo con foga convulsa pressati in continuazione dalla sua impazienza. Non abbiamo neanche il tempo di preparare qualche cosa da bere.

Quando usciamo Krzysztof ci porge un pentolino di tè appena fatto. È teso. Tutto il suo essere è concentrato sulla salita che ci aspetta.

Parte velocissimo tracciando un profondo solco nella spessa e crostosa neve del plateau. Tiene un ritmo infernale: cinquanta passi fatti di corsa e poi sosta. Cinquanta passi e altra sosta. Così per ore. Contare fino a cinquanta diventa la mia disperazione. Dopo dieci passi il respiro è già molto veloce, a venti il cuore batte impazzito e a trenta mi sembra di essere al limite delle possibilità. Gli ultimi movimenti li faccio in uno stato di semi incoscienza, con la certezza che tutto stia per esplodere. Quando il cervello mi dice cinquanta, affondo la piccozza nella neve e crollo a dieci centimetri dagli scarponi di Krzysztof.

A volte sotto i nostri piedi si staccano improvvisamente grosse placche di neve ventata che spariscono nell'abisso scivolando con un lieve fruscìo.

Krzysztof non ha mai un attimo d'indecisione, mai un'incertezza o un dubbio. Passa slegato su crepacci semi chiusi senza neanche fermarsi. Affonda continuamente nella neve fresca e fa la traccia senza chiedere il cambio.

Solo ogni tanto mi domanda cosa ne penso della direzione che sta tenendo.

«Giusta, giusta» gli rispondo. Cos'altro dovrei dire?

Christian, per evitare di avere troppo peso, ha lasciato la sua pila frontale nella tenda. Adesso, al buio, non riesce a tenere il nostro ritmo perché fatica a seguire le tracce. Molto spesso finisce nella neve fresca sprofondando irrimediabilmente. Le sue imprecazioni rompono il silenzio della notte. Sto proprio pensando che non bisogna fare simili errori, quando mi viene in mente che ho dimenticato gli occhiali da sole nel caos della tenda. Come farò con la luce del giorno?

Panico. Scendere a prenderli significa perdere la cima.

Frugando disperatamente nel fondo dello zaino trovo gli occhiali "mosca" della naia. Questi mini occhiali di plastica, che mi fanno tanto assomigliare a un pioniere dell'Himalaya, dovranno essere la mia salvezza. Spero solo che il materiale dell'esercito italiano sia meno scadente di quanto si racconta.

Una larga spalla di ghiaccio, grande quanto un campo da calcio, appare con le prime luci dell'alba. Appena sopra ad essa, un vasto e lungo scivolo nevoso si alza, intervallato da tre ripidi salti, verso la cima. Proprio sotto questa spalla, nel tratto che avevamo appena scalato, nella notte tra il 9 e il 10 aprile 1972 persero la vita, travolti da una valanga, dieci sherpa e cinque alpinisti. Fu una delle più gravi catastrofi nella storia dell'alpinismo himalayano. Alcuni giorni dopo la nostra salita vi moriranno anche Silvia e Sven.

«Mentre saliamo scattami qualche fotografia.»

«Al diavolo le foto, l'unica cosa che mi interessa è la vetta» rispondo quasi con rabbia alla richiesta di Krzysztof.

Dopo il fallimento della spedizione al Gasherbrum I voglio solo andare in vetta. Sono totalmente immedesimato con la cima, ogni mio pensiero, ogni mio muscolo sono tesi verso il punto più alto del Manaslu. Il tempo è ottimo, le condizioni della montagna buone e anch'io sto bene. Questa volta non tornerò al campo base senza la cima.

Salgo verso l'alto camminando come un automa. Per risparmiare energie non penso, non parlo, non guardo ed evito di fare qualsiasi gesto che non sia strettamente connesso alla scalata. L'essenziale per la vetta. Respirare e muovere braccia e gambe, il resto è superfluo.

Sui lunghi pendii di neve perdo la cognizione del tempo e delle distanze. Mi dirigo verso una dimensione nuova e sconosciuta, come se fuggissi da una realtà distruttiva. La velocità di salita diminuisce progressivamente con l'aumentare della quota, fino a ridursi a pochi passi alla volta. Nei momenti di riposo ansimo boccheggiando, con i polmoni esausti dal respirare frenetico e il cervello ottenebrato dall'esaurimento fisico e dalla mancanza d'ossigeno.

Ma non provo stati d'animo negativi e non vivo questa mia spossatezza come se fosse nociva o sfavorevole al mio essere.

Sono contento di andare verso la vetta, mi compiaccio di questo stato "limite" in cui mi trovo e non lo cambierei con niente al mondo. Inconsciamente vivo già simili momenti in future scalate sui giganti dell'Himalaya.

Dossi, pianori, piccole conche. Con regolarità supero i vari ostacoli che la natura del Manaslu mi frappone nel cammino verso la cima.

Quello che sembrava infinito ha invece termine. Termina la montagna e termina la tortura psicofisica di salire sempre più in alto. Tra le braccia di Krzysztof festeggio il mio primo Ottomila, pochi metri di neve e roccia.

Come le decine di montagne che avevo già salito in passato.

L'impossibile è invece possibile. I sogni e le magie sono reali e non appartengono alle fiabe.

Sono contento di avercela fatta. Meccanicamente scatto le rituali foto di vetta barcollando esausto nella neve. Respiro con gioia, stupendomi di quanto sia bello e piacevole poter dilatare i polmoni e assimilare un po' d'ossigeno senza dover riprendere a camminare. Resto così, fermo, inebetito dalla gioia di rimanere immobile.

«Forza Marco, dobbiamo scendere.»

Queste parole penetrano la mia coscienza come se provenissero da un mondo lontano. Improvvise e inaspettate. Fanno un po' l'effetto della sveglia quando mi strappa dal sonno dolce e profondo del mattino.

Era tempo di iniziare la discesa.

Al ritorno una frase di Kurt Diemberger continuava a martellarmi il cervello: «Un Ottomila è tuo solo quando sei arrivato al campo base, prima sei tu che gli appartieni.»

Mio o tuo, per me sono parole senza senso parlando di una montagna. Ma ero comunque ossessionato da ogni cosa in grado di minacciarmi.

«Vedrai, - mi aveva detto Krzysztof - ogni cento metri che perdiamo andrà sempre meglio.»

Giù, verso l'aria, verso l'ossigeno. Abbandonare quel mondo sovrumano.

Quaranta metri sotto la vetta incontriamo Christian. È seduto nella neve, appoggiato alla piccozza. Guarda verso la punta del Manaslu.

«Vai in cima, noi ti aspettiamo più in basso» gli dice Krzysztof.

Il polacco vuole raggiungere il fornello che ha lasciato nella neve del plateau a circa 7500 metri. Scendiamo velocemente, a grandi passi. La crosta formata dal vento è molto infida. Quando si spacca finiamo nella neve fino alle ginocchia. Il bastoncino da sci utilizzato durante tutta la salita mi aiuta a non perdere l'equilibrio quando il fondo cede all'improvviso sotto i ramponi.

Krzysztof si ferma. Cerca. Fruga. Lo sento borbottare e poi riprende la discesa per qualche metro. Nuova sosta. Altre operazioni di scavo. Più che un alpinista sembra una talpa.

«Ma, non capisco. Era qui, da queste parti. Vicino a queste roccette.»

Seduto nella neve mi guarda sconsolato.

«Che strano, non riesco a trovare il fornello, non ricordo più dove l'ho messo» conclude rassegnato dopo numerosi e vani tentativi.

Non sono poi così sorpreso visto che sto cercando da dieci minuti il mio zaino lasciato in questo tratto durante la salita. Pesava troppo, dava fastidio. I campi di neve non avevano gobbe o buche di dimensioni tali da poterlo nascondere. Ero sicuro di riuscire a vederlo senza problemi al ritorno dalla vetta. Invece è sparito, almeno così sembra. Non ho più idea di dove possa essere.

Siamo fermi da soli cinque minuti, in cerca del fornello e dello zaino quando compare Christian.

«Accidenti! - esclamo sorpreso - sei già qui?»

Christian non dice niente. Barcolla ancora per qualche metro e quando ci raggiunge si ferma per una breve sosta. Solo molto tempo dopo saprò del suo volo. Dopo aver raggiunto la vetta, durante la discesa una placca di neve si era improvvisamente rotta sotto gli scarponi. La tuta di piuma rivestita in nylon aveva fatto il resto. A velocità folle era precipitato lungo gli scivoli innevati del tratto superiore della montagna fino a quando non si era improvvisamente arrestato in una conca di neve fresca. Illeso.

Un tragico destino era legato a quella tuta. Quando Christian rientrò al campo base la diede alla nostra compagna di spedizione Silvia Dmowska per il suo tentativo alla vetta. Silvia precipitò prima di raggiungere la spalla a 7000 metri. Un salto nel vuoto lungo tremila metri. Questa volta senza conche di neve.

Quando arrivammo sulle corde messe dalla spedizione coreana sopra il campo II, mi calai utilizzando il discensore mentre Christian preferì tenersi solo con una mano. Duecento metri più in alto del Colle nord la corda fissa sparì sulla sinistra sopra una cresta. Provai a scalare verso destra con l'intenzione di ripercorrere le nostre tracce della notte e intanto osservai Christian procedere a sinistra. Senza un motivo razionale continuai nella mia direzione sprofondando nella neve. Non trovavo nessun segno del nostro passaggio. Una paura diabolica si impadronì di me. Ero da solo, circondato da ripidi pendii che sparivano verso il basso. Non riuscivo a capire perché avessi abbandonato la sicurezza delle corde. Per quale motivo avevo preso una decisione così sciocca e pericolosa? Perché avevo creduto di essere vicino alla nostra linea di salita notturna? Un terrore profondo mi bloccò. Anche se ormai avevo già percorso un lungo tratto in diagonale potevo ancora ritornare sui miei passi. Era stato un errore di valutazione stupido, avevo rischiato e sprecato energie per niente.

Iniziai a percorrere un lungo traverso in direzione opposta. Fatica, stanchezza; vedevo le tende al Colle nord. Maledizione, ero "infognato" un'altra volta. Ghiaccio, seracchi, salti nel vuoto. Dov'erano passati i miei compagni? Mi avviai lungo un seracco, faccia a monte, lentamente.

Volevo arrivare al campo. E intanto avevo imparato a non fare più strane passeggiate su un ripido versante di un Ottomila.

A metà seracco avevo traversato in parete abbandonando la crestina sulla quale arrampicavo. Ero riuscito a sottrarmi alla trappola, mi trovavo di nuovo sulle corde fisse. Quanto avevo rischiato?

Scendevo un passo dopo l'altro, e il campo non si avvicinava mai. Christian era già arrivato mentre a Krzysztof mancavano ancora cinquanta metri. O era viceversa? Non riuscivo a riconoscerli.

"Piano Marco, con calma."

Ero tutto bagnato di sudore. La tuta in piumino si stava rivelando un vero inferno sotto i 7000 metri. Quando giunsi alle tende riuscii a bere solo un sorso di tè prima di continuare verso il campo I a 5550 metri di quota. Non avevo voglia di proseguire, ma ancora meno di rimanere lassù. Ricominciammo a scendere dal Manaslu: era l'ultima volta, l'ultima volta della mia vita che avrei camminato in quei luoghi.

Andavamo sempre più in basso, verso l'aria e la vita. Quando arrivammo vicino al campo I si stava facendo buio. Il grosso crepaccio situato cento metri sopra le nostre tende ci aveva creato in salita molti problemi. Adesso era così aperto da costituire un grosso rischio anche in discesa. Alla sua sinistra c'era una nuova corda fissa sistemata dai nostri compagni in mezzo a buchi neri emergenti tra la neve fresca. Appena fatto un passo finii dentro un buco. Per sostenermi sul bordo del crepaccio insaccai il pollice di una mano; poteva andare peggio. Ripresi a scendere strisciando e tenendo il fiato.

Entrai nella tenda fradicio di sudore, infilandomi nel sacco piuma così com'ero, bagnato, stanco, puzzolente ma felice. Prima Krzysztof, poi io, poi Christian. Quante volte ci siamo alternati, fermati, sorpassati in quella fuga del 28 settembre verso il campo I? Non lo so, ma erano tante. Ognuno per sé, con il proprio sfinimento e il proprio ritmo, ora veloce, ora lento. Prima dritti, poi in traverso, neve... neve, pendii senza fine.

Del giorno successivo, quando sono sceso verso il campo base, non ricordo più nulla. Come se non fossi più ritornato.

Dopo aver scalato la vetta volevo solo rientrare a casa. Christian ed io rimanemmo al campo base due giorni: il tempo di recuperare le forze e preparare il nostro materiale. Krzysztof, come capospedizione, dovette fermarsi per aspettare gli altri compagni impegnati nel tentativo verso la cima.

Nel villaggio di Sama trascorremmo ventiquattro ore in un lurido cortile aspettando l'arrivo dei portatori. Le abitazioni erano allineate in fila, attaccate le une alle altre sulla stradina principale. La sporcizia era ovunque. Dalle stanze buie e senza finestre entravano e uscivano continuamente i tibetani di questo piccolo paese. Per tutta la nostra permanenza, da una delle case in fondo a un viottolo, continuò a giungere una monotona e lamentosa preghiera. Inarrestabile, il gemito si propagava per le abitazioni di questa gente che appartiene alla preistoria del mondo.

Sama rappresenta l'opposto delle nostre conoscenze. In questo luogo al confine dell'universo si vive la vita di un'altra era. Sama è penetrata in me come una scarica elettrica e ha risvegliato quello che di primitivo esisteva ancora nel mio animo di uomo moderno. Perché ho sentito le radici dalle quali siamo nati, fuggiti, credute perse per sempre, ma in realtà ancora ben vive sulla Terra e nel nostro spirito.

Di questo villaggio ricorderò anche l'aria umida e fredda, con il cielo saturo di nubi che salivano verso i pendii erbosi alle pendici del Manaslu. Ricorderò le deboli luci viste di notte dal campo base. Ricorderò la sua sporcizia e i suoi abitanti e la valle misteriosa che portava in Tibet, le colonne d'Ercole verso un nuovo ignoto. E sopra tutto e tutti il "rifugio dell'anima", il bianco Manaslu, vero signore di queste terre.

Il primo ottobre lasciavo il campo base insieme a Christian e il 10 sera atterravo a Linate.

Il ritorno a Kathmandu fu lungo e difficile: sei giorni di cammino nella valle Buri Gandaki con molti problemi da risolvere, in particolar modo con i portatori tibetani. Il momento più emozionante fu il percorso in macchina dalla città di Gorka fino alla capitale nepalese. Da Gorka a un villaggio posto a metà strada andammo con un autobus pubblico. Circa due ore di viaggio pigiati come sardine in mezzo ai nostri bidoni e a una moltitudine di nepalesi scatenati che, una volta esauriti i posti all'interno, affollarono anche il tetto e le scalette di accesso. A ogni fermata nei villaggi, un nugolo di ragazzini saltava addosso all'autobus tempestandolo di pugni e facendo un rumore infernale.

Di notte raggiungemmo il capolinea dove bisognava aspettare il "night bus" proveniente da Pokara. Due ore di attesa e poi un altro viaggio alla "nepalese", questa volta molto più lungo del precedente, fino a Kathmandu. Noi però non potevamo aspettare ancora. Kathmandu era il nostro grido da sei giorni. Kathmandu il nostro sogno e il nostro delirio.

Mi piazzai in mezzo alla strada, al buio. Aprendo le braccia fermai la prima macchina che stava passando. Il prezzo voluto dal guidatore nepalese era uno sproposito. Ma il grido era sempre più forte. Il nostro autista, chissà perché, volle portarsi anche il figlio e il nipote che abitavano nel paese. Eravamo in cinque, con quattro bidoni, due zaini e due paia di bastoncini da sci. Tutto questo in una piccola macchina. Il trasferimento sul pullman, al confronto, era stato comodo e rilassante. Viaggiammo molte ore nella notte a una velocità incredibile su un percorso disastrato e pieno di buche. A ogni curva rischiavamo di andare fuori strada. Eravamo scampati al Manaslu per morire su una strada per mano di un pazzo?

Dopo molti tentativi e altrettante imprecazioni, riuscimmo a far andare più piano il nostro autista. Cosa meno semplice di quanto pensassi, visto che a ogni raccomandazione di prudenza il nepalese, completamente rapito dalla sua guida allucinata, rispondeva con un sorriso: «The road is not so good but I am a very good driver.»[2]

A Kathmandu, finalmente, birra e pizza!

[2] «La strada non è buona ma io sono un guidatore molto bravo.»

Un Sogno a Occhi Aperti

Da mesi vivo solo per il mio progetto. Giorno e notte è l'unico pensiero chiaro e certo. Per mesi sarà il mio principale obbiettivo. Ma è poi giusto un fanatismo così esasperato?

Un passo, sosta. Per facilitare la respirazione mi appoggio sul bastoncino da sci. Lentamente riesco, dopo qualche minuto, a riportare il ritmo del mio ansimare a un livello accettabile. Posso così guardare con più calma il tratto della cresta ancora da percorrere prima di arrivare in cima. Un saliscendi non molto lungo e una breve curva a sinistra con un facile pendio finale costituiscono gli ultimi metri del Broad Peak.

Avverto la testa pesante, anestetizzata. Non riesco a realizzare i pensieri in maniera chiara e precisa. Alla mente giungono soltanto sensazioni annebbiate. Mi sento come se avessi preso una sbronza colossale, tutto è ovattato, incerto. I contorni della montagna sono sfumati, come se non avessero fine.

Da quasi un'ora ho iniziato la traversata di questa cresta dannata. Dall'anticima sembrava non mancasse ancora molto, ma lo stesso ragionamento lo avevo fatto dalla sella a 7800 metri, e sono già passate quattro ore.

Non essendo più sicuro delle mie capacità di analisi, mi limito soltanto a continuare a camminare. Ogni movimento a 8000 metri mi costa una fatica tremenda, la mia resistenza è ormai ridotta al minimo indispensabile. Due, tre passi alla volta rappresentano l'autonomia massima. Dopo sono costretto a fermarmi con l'organismo prosciugato.

Per quanto tempo ancora riuscirò a trovare la forza per fare altri tre passi? La prossima volta che tornerò su un Ottomila curerò meglio la fase di acclimatazione.

Semplicemente non ho più energie per qualcosa di diverso dal camminare. Camminare rappresenta adesso la funzione più importante. Solo muovendomi posso ritornare alla vita, anche se prima devo raggiungere la vetta. Cosa sia poi che mi costringe ancora a salire quando invece il mio corpo vorrebbe scendere è un mistero. So unicamente di dover arrivare sul punto più alto del Broad Peak prima di potere tornare indietro.

Il terreno sul quale avanzo non è difficile. La tormenta dei giorni scorsi ha infuriato sulla montagna ripulendo tutta la cresta finale dalla neve. Prestando attenzione è possibile percorrere lunghi tratti su roccia facile. Non avendo però la forza per decidere il percorso, mi limito ad accettare il tipo di terreno che incontro sul mio cammino.

Il tempo è meraviglioso. Nell'arco di un anno giornate simili si possono contare sulle dita di una mano. Sempre ammesso di avere ancora le dita, o la mano stessa. Da quasi tre ore ho perso un guanto. Per superare la breve cresta di roccia sopra la sella a 7800 metri, ho tolto le moffole di lana in modo da poter arrampicare meglio. Le ho infilate nella tuta, una deve essere scivolata fuori, cadendo sul versante pakistano. Non me ne sono dato una gran pena, ho semplicemente spostato la piccozza nella mano con il guanto perché l'acciaio era gelato. È stata l'unica cautela adottata dal mio stremato spirito di conservazione.

Sull'ultimo pendio, uno scivolo non ripido, lungo al massimo una cinquantina di metri, perdo ogni capacità di connettere. La montagna è come appiattita, non esistono più direzioni, soltanto uno sfumato pendio infinito sembra sovrastarmi. Poi, come d'incanto, la cresta comincia a degradare. Sopra di me pochi metri di neve segnano la fine di questa montagna ai limiti del cielo.

La prima sensazione non è di gioia per aver raggiunto la vetta, sono invece pervaso da un senso di liberazione profondo per non dover più salire. Sono incredulo, incapace di accettare il fatto che realmente la montagna sia finita. Inebetito dalla fatica e dalla quota, continuo a osservare la cresta degradante verso sud. Christian Kuntner si è seduto sulle ultime roccette della cima, pochi metri sotto di me.

«Dov'è la cima?» mi chiede dopo una pausa di qualche minuto. Solo in seguito alla sua domanda riesco a rendermi conto che ce l'abbiamo fatta.

«Questa è la cima, siamo arrivati» gli rispondo indicandola con la mano.

Insieme a Christian rimango sulla vetta del Broad Peak per quasi mezz'ora. Restiamo fermi contemplando l'incredibile universo di montagne attorno a noi. Un'immensa distesa di vette si estende a perdita d'occhio in ogni direzione, un mondo fatto di ghiaccio e di roccia, completamente disabitato. Mi sento come sospeso sull'infinito, estraniato da ogni dimensione. Tutto è volatile, impalpabile, sia il mio corpo che avverto leggero nell'aria, sia le centinaia di montagne circostanti che mi appaiono come filtrate da un cristallo opaco.

Quello che mi circonda è uno spettacolo mozzafiato, imponente e meraviglioso. Alla mia destra la catena dei Gasherbrum. Lo sguardo si sofferma a lungo sul Gasherbrum I, montagna della grande tragedia e della grande delusione dello scorso anno. Ma oggi, da questo straordinario pulpito panoramico, posso finalmente vedere senza complessi d'inferiorità anche il Chogolisa e il Gasherbrum IV, con la sua repulsiva parete ovest che domina il Circolo Concordia. Un orlo di neve, la cornice della vetta, mi impedisce una visuale completa sulle montagne della Cina. L'occasione è unica e irripetibile. Lentamente, passo dopo passo, salgo anche gli ultimi tre metri che mi "separano" dagli aridi territori del Sinkiang. Un mondo sconfinato appare improvvisamente davanti ai miei occhi. Montagne, ghiacciai immensi e serpeggianti e un orizzonte sempre più incerto sono tutto quello che riesco a rubare in quei pochi istanti alla cornice della vetta.

Quelle montagne azzurrognole e lontanissime distinguibili verso nord fanno già parte del Tien Shan e del Pamir? E quello a ovest è forse l'Hindukush? Di sicuro, al centro dell'orizzonte, ultimo baluardo dell'Himalaya, appare la colossale figura del Nanga Parbat, l'Ottomila più occidentale di tutta la catena.

Sinkiang, Kun Lun, Pamir, Tien Shan, Hindukush, Karakorum, Himalaya. Nomi meravigliosi di altissime catene montuose e di paesi selvaggi. Nei minuti trascorsi sulla vetta del Broad Peak mi rendo conto di appartenere a questi luoghi. Assorbo queste terre e queste montagne nella mia coscienza, in me penetra la magia indefinibile di ghiacci immensi e di territori misteriosi.

Scoprire cosa c'è dopo la prossima ansa del ghiacciaio, vedere cosa appare dietro la prossima cresta di neve. Camminare, scalare, osservare, conoscere. Arrivare in vetta a un Ottomila è il coronamento di moltissimi sogni, l'appagamento completo di ogni desiderio. La fine, per un attimo, di ogni curiosità. La pace totale e assoluta? Forse per un tempo incredibilmente breve, prima che nell'animo l'istinto dello scoprire si risvegli nuovamente.

Vorrei poter guardare con la mente più lucida e

serena. Ma forse sarebbe chiedere troppo. Come sarebbe troppo chiedere al sole di non tramontare, di concederci altro tempo per rimanere quassù.

È infatti il sole calante, l'oscurità della notte incipiente, a ricondurci con brutale prepotenza alla realtà. L'istinto di sopravvivenza, con una scarica di paura, ordina di lasciare la vetta. Sappiamo di dover raggiungere la nostra tenda del campo III, mille metri più in basso, con il buio. Un'agitazione irrefrenabile mi assale. È tempo di ritornare tra gli uomini. Dobbiamo scendere. Dobbiamo scendere perché quello che si trova quassù non appartiene alla vita. La vita si trova dove l'acqua scorre, dove gli occhi possono riempirsi di verde, dove l'odore della terra satura l'aria.

Quando incominciamo a scendere non mi fermo a guardare la cima del Broad Peak. Fa già parte del passato. Il futuro ora è il campo III. Il resto è alle mie spalle, non esiste più.

La lunga cresta sopra agli 8000 metri di quota, che dall'anticima conduce alla sommità principale del Broad Peak, ci aveva richiesto un'ora. Lo stesso tempo lo impieghiamo al ritorno.

Appena riprendo la scalata ogni forma di agitazione sparisce lasciando il posto a una grande determinazione. Dobbiamo riuscire a raggiungere la sella, duecento metri più in basso, prima del buio, per evitare di rimanere intrappolati dalla roccia a 7900 metri.

Camminando sulla grande cresta nevosa in direzione della sella, vivo attimi di profondo stupore. Il sole sta ormai tramontando dietro la gigantesca mole del Nanga Parbat. Uno strano colore scuro, metallizzato, avvolge il Broad Peak. Di fronte a me la cima centrale brilla in una gelida luce aranciata. Verso nord, oltre la sella, riesco ancora a riconoscere il Sinkiang, immenso territorio disabitato, quasi completamente sconosciuto, che appartiene all'ignoto.

Scendiamo sferzati da un vento teso proveniente dal versante pakistano. Una polvere di neve turbina sulla cresta alzando cristalli di ghiaccio che si accendono di riflessi dorati con gli ultimi raggi del sole.

Mi rendo conto che saremo costretti ad affrontare la roccia con il buio. Dovremo arrampicare senza luce, sfiniti da venti ore di scalata continua, con un solo pezzo di cordino da otto millimetri per fare sicurezza. Forse non riusciremo a superare le difficoltà della cresta e saremo costretti al bivacco. Senza tenda, senza sacco-piuma, quassù, vicino all'immaginaria linea degli 8000 metri. Ma incredibilmente, invece di essere spaventato da una simile prospettiva, sono pervaso da una calma meravigliosa. Uno stato di benessere spirituale completo, come mai avevo provato prima nella mia esistenza, mi accompagna in questo ritorno alla vita. Accetto la nostra situazione come se facesse parte dell'ordine naturale delle cose, senza paure o dubbi, senza angosce né pensieri di catastrofi imminenti. Mi sento separato dal corpo e assimilato a tutto l'universo circostante. È come se fossi il vento che mi sta congelando la mano, come se fossi le tenebre imminenti. Non ho più una dimensione materiale e non posso provare paura semplicemente perché è scomparsa ogni contrapposizione con il mondo esterno.

Scendiamo slegati, camminando a zig zag, senza tenere una direzione precisa. Non sono legato con Christian ma la presenza dell'amico mi infonde una grande tranquillità. È come se esistesse una complicità tra noi. Una complicità di monelli che stanno commettendo qualche marachella. Siamo soli, lui e io, sospesi tra cielo e terra, lontano dal mondo degli esseri viventi.

Qualche volta ci troviamo distanziati di parecchi metri, subito dopo le diverse traiettorie seguite portano quasi a scontrarci. In questa nostra discesa senza logica ci alterniamo, sorpassiamo e incrociamo in una danza frenetica. Mi sembra di scendere velocissimo, senza più peso, librato nell'aria gelida dell'alta quota. Senza pensieri né preoccupazioni corro sul ripido pendio nevoso dell'anticima del Broad Peak, salto, traverso in direzione del Sinkiang, verso le grandi cornici della cresta, scendo verticalmente. Avverto i ramponi mordere il ghiaccio, sento la neve stridere sotto le punte d'acciaio. Godo di questa leggerezza che mi pervade, godo del vento gelido che sferza il mio corpo, avverto le sue raffiche sulle gambe e sul viso. Correndo verso l'abisso apro le braccia come fossero ali e, simile a un gigantesco pipistrello, plano nelle tenebre dell'universo.

L'inizio della roccia mi porta nuovamente alla realtà prospettandomi la nostra situazione. Il tempo dei sogni è finito.

Le dita della mano senza il guanto si stanno congelando, lo so. Le avverto insensibili, fredde. Il problema più urgente però, è scampare alla cresta e alle sue insidie. Per nostra fortuna una stupefacente luna piena rende visibili i contorni della montagna. Senza questa pallida luce saremmo costretti al bivacco.

Quando raggiungiamo il tratto più difficile giro semplicemente un capo del nostro cordino lungo dieci metri intorno a uno spuntone arrotondato. Riesco a incastrarne un pezzo in una piccola fessura. Non posso vedere come "lavora", ma non ci sono altre soluzioni possibili.

Inizio così a calarmi nelle tenebre appeso alla corda, sperando che gli dei della montagna mi siano favorevoli. Quando l'ho fissata Christian mi ha chiesto com'era.

«Come vuoi che sia» gli ho risposto stizzito.

Terminati i dieci metri vengo depositato dall'ultimo tratto di corda su una lama orizzontale di roccia e neve lunga un metro e larga pochi centimetri. Non posso fare assolutamente niente. Rimango così, fermo, sospeso sopra un salto di tremila metri. Alla mia destra il buio del Pakistan, alla sinistra il buio della Cina. Percepisco materialmente le dimensioni di questi due mondi, la loro vastità e profondità. Una paura terribile, strisciante, si insinua nell'animo. Sento l'abisso che cerca di afferrarmi. Non più gli dei, ma i demoni della notte!

Impossibilitato a muovermi osservo Christian che scende lentamente. Quando arriva alla mia altezza il suo zaino mi urta. Ondeggio pericolosamente. Non posso arretrare perché non c'è più cresta in piano. Sono bloccato. Con le mani non riesco ad afferrare nessun appiglio e non ho il coraggio di spostarmi stando in equilibrio solo sulle gambe.

Dopo un attimo, però, troviamo la soluzione. Christian può tenersi bilanciato utilizzando il cordino e così posso aggrapparmi al suo zaino e riuscire finalmente a girarmi. Nella nuova posizione riprendo l'arrampicata verso la sella che guadagnamo senza più difficoltà.

Arrivati all'intaglio Christian si precipita a prendere la lampada frontale. Sono sorpreso di ritrovare il nostro deposito così presto, me lo ricordavo in un luogo diverso e quindi non pensavo neppure di cercare pila e guanti di riserva. Frugando la neve sotto un piccolo torrione di roccia trovo le coprimoffole impermeabili che avevo lasciato. Pur non essendo imbottite quelle sottili pellicole di nylon riescono a darmi un po' di tranquillità. Almeno adesso la mano ha un riparo dal vento e dalla neve.

La discesa verso il campo III mi sembra molto

più corta e facile rispetto alla salita. Anche i ripidi pendii appena sotto la sella vengono superati velocemente.

Al buio, prima faccia a monte e poi a valle, raggiungiamo in breve tempo il grande plateau sopra la "schiena d'asino" sovrastante il campo III.

Ci imbattiamo però in un problema inaspettato. Infatti non conosciamo in nessun modo questo tratto di montagna perché il giorno prima lo abbiamo percorso di notte e anche adesso siamo al buio. Improvvisamente mi rendo conto che trovare la nostra tenda sarà un'impresa niente affatto semplice.

Cominciamo così a scendere distanziati l'uno dall'altro di circa cento metri con la speranza di poter vedere una parte più vasta del gigantesco plateau. Ho l'impressione che la morena del ghiacciaio Godwin Austen, duemila metri più in basso, sia roccia poco distante da me. Rimango perciò meravigliato nel vederla su un pendio che pensavo essere solo di neve. Mi infastidisce il fatto di non ricordarmi niente di tutto questo.

Troviamo anche altri campi. La confusione continua ad aumentare.

«Ma come? - mi dico - eravamo gli unici su tutta questa parte di montagna e ora sembra di stare in un campeggio?»

Dovevano essere stati montati il giorno stesso dai portatori della spedizione di Andorra mentre eravamo impegnati verso la vetta e, forse, tra quelle tende poteva esserci anche quella di Fausto De Stefani e dei suoi compagni che ci seguivano a ventiquattr'ore di distanza. Nessuno però sembra sentirci quando, per comunicare tra noi, urliamo con tutto il fiato rimasto.

Più in alto avevo udito delle voci. Si trattava di allucinazioni, come già mi era successo al Manaslu, oppure era il gruppo di Fausto?

Un altro fatto sorprendente è quello d'incontrare molte impronte. La notte precedente abbiamo fatto la traccia nella neve vergine. Due di queste tracce sono le nostre. E le altre?

«Ma insomma, quanta gente è salita durante il giorno? E come mai in questi campi non c'è nessuno?» continuo a ripetermi sempre più frastornato.

Le tracce comunque sono la nostra salvezza, il filo di Arianna in grado di guidarci nella direzione giusta. Seguendole arriviamo finalmente alla tenda.

Quanto accaduto immediatamente dopo non lo ricordo proprio. Non ricordo neanche se ci siamo preparati un po' di tè. Le ultime ore notturne tra il 6 e il 7 luglio sono svanite nel nulla.

La prima luce del mattino rischiara il nylon giallo che mi comprime il viso. Siamo imprigionati tra le pareti della nostra minuscola casa d'alta quota. I cristalli di ghiaccio formati dalla condensa avvolgono i teli e i nostri sacchi piuma. Cercando di leggere l'orologio, mi accorgo di non vederci più dall'occhio destro. Al mio rientro in Italia saprò di aver avuto cinque emorragie retiniche ma sul momento, forse perché non ci posso fare niente, non mi spavento e non considero il fatto molto grave. La parte esterna dell'occhio malato è ancora in grado di vedere qualche cosa. L'importante adesso è arrivare al campo base. Con un occhio e mezzo posso ancora scendere senza grossi problemi.

Vogliamo raggiungere la base della montagna in giornata. Il cielo è sereno, ma sappiamo di non poterci contare ancora per molto. In questo periodo, infatti, il tempo non si mantiene stabile per più di tre o quattro giorni di seguito e siamo già al quarto giorno. Una delle discussioni più importanti avute al campo base il giorno prima di partire riguardava proprio le condizioni meteorologiche. Dovevamo sfruttarle al meglio per evitare di essere colti dalla tormenta durante la fase finale della scalata.

De Stefani e compagni, partendo un giorno dopo di noi, vengono bloccati dalla bufera a 7000 metri appena tornati dalla cima.

Il 7 luglio, con le prime luci del mattino, cominciamo la discesa. Abbiamo deciso di portare con noi tutto il materiale dei due campi. Facciamo il possibile affinché il nostro passaggio sul Broad Peak non lasci tracce. Rifiuti, bombolette del gas, tende. Gli zaini somigliano a due grattacieli.

Cinquecento metri sopra il ghiacciaio Godwin Austen incrociamo gli alpinisti della spedizione coreana mentre salgono verso il campo I. Sono molti, in fila indiana sulle corde fisse. Aggrappandosi alle jumar con tutta la loro forza, si innalzano come lumache metro dopo metro. Sul viso hanno la maschera dell'ossigeno! Salgono con le bombole fin dall'inizio della via a 5000 metri di quota. Li guardo allibito, senza parole. Christian si lancia lungo il pendio sfrecciando come un missile a pochi metri dai coreani. Scende correndo, spiccando grandi balzi come uno stambecco inseguito dai cacciatori. Due stili e due modi di affrontare la montagna lontani anni luce. Anche se ogni volta che il mio compagno atterra sulla neve gelata con le punte dei ramponi, un brivido di paura mi stringe lo stomaco.

Raggiungo il ghiacciaio senza più forze e per poco non mi ammazzo quando, camminando sulla morena, una ghetta si impiglia nell'altra facendomi fare un terribile volo tra le pietre.

Sferzato dalla neve e dalla pioggia mentre scendevo lungo il ghiacciaio Baltoro, desideravo una sola cosa: fuggire. Fuggire da quelle terre selvagge e inospitali. Scappare dalla neve, dalla pioggia e dal fango.

Non soffrire più il freddo e il caldo, la fame e la sete. Poter indossare vestiti asciutti e puliti e non dover più camminare per settimane con uno zaino sulle spalle.

In quei momenti la purezza delle montagne era molto lontana.

A Milano anche le stesse montagne erano lontane e ne fui felice. Almeno per qualche giorno.

Ora però avevo un altro problema da risolvere: "dovevo" ripartire nuovamente per scalare altri due Ottomila. Il mio ambizioso progetto prevedeva tre Ottomila in un anno. Non era stato difficile, all'inizio della stagione, pianificare le spedizioni su un foglio di carta. Mettere in pratica questi programmi, però, era tutt'altra cosa. Continuava a venirmi in mente una frase, letta su un libro, di Jerzy Kukuczka: «Chi comincia con A deve dire anche B». Ma la realtà del mio occhio polverizzava ogni ragionamento.

Andare o non andare?

«La mano non è un problema, e per quello che riguarda l'occhio, anch'io dopo il Makalu non ci vedevo più e sono poi guarito perfettamente. Ti aspetto a Kathmandu.»

Questa era stata la risposta di Wielicki quando, al telefono, gli avevo prospettato la mia situazione mettendolo al corrente dei dubbi riguardanti il futuro del progetto.

Avuta questa esauriente e rassicurante spiegazione decisi di partire per il Nepal e prenotai il biglietto aereo. In realtà non avevo la minima idea di quello che avrebbe potuto succedermi nel tornare, così presto, a 8000 metri. Krzysztof, dopo il Makalu, era stato tranquillamente a riposarsi a casa. Il problema più serio che aveva dovuto affrontare, come lui stesso mi aveva confidato, era stato quello di dover leggere il giornale con un occhio solo. Per me la situazione era molto differente. La mano congelata non rappresentava una grossa incognita, ma per quanto riguardava le emorragie all'occhio destro perfino i medici non erano in grado di dirmi niente. Un oculista svizzero mi predisse che non sarei più potuto tornare in alta quota. Così, alla fine dell'agosto 1993, mi imbarcai sull'aereo pieno di dubbi e di paure. Avevo preso una decisione che era stata criticata e avversata non solo dai medici ma anche da parenti e amici. Ancora una volta l'istinto mi spingeva controcorrente.

Quando il 29 agosto arrivai a Kathmandu, mi aspettava un'altra sorpresa. Solo allora, infatti, seppi delle reali intenzioni di Krzysztof. Il suo programma prevedeva l'ascensione del Cho Oyu per il pilastro dei Polacchi, aprendo una nuova variante nella parte finale della montagna, in modo da realizzare una via più logica e diretta di quella originale. Dopo il Cho Oyu saremmo dovuti andare allo Shisha Pangma per tentare in stile alpino[1] la scalata della ripida e gigantesca parete sud-ovest.

Appena mi resi conto dei suoi propositi rimpiansi di non essere rimasto a casa. Nelle mie condizioni di salute era già un'impresa molto difficile scalare le due montagne per le vie classiche. Concatenare due Ottomila dovendo aprire una nuova variante di milleduecento metri per poi affrontare una ripida parete di ghiaccio e misto alta quasi tremila metri, mi sembrò al momento un progetto delirante. Per la prima volta avvertivo una grande tensione. La seconda fase del mio piano, anche se "leggermente" modificato, stava per iniziare. Tutte le difficoltà e le incognite si pro-

[1] Definizione usata per indicare l'ascensione di una montagna compiuta senza l'utilizzo di portatori d'alta quota, bombole d'ossigeno, corde fisse e senza aver preventivamente attrezzato i campi lungo la via di salita.

spettarono in un istante. Il mio stato di salute continuava a crearmi notevoli problemi psicologici ma speravo di riuscire a conviverci in maniera "pacifica".

Tutto, incredibilmente, andò per il meglio e in quaranta giorni scalammo i due Ottomila come voluto da Krzysztof. Fu una fantastica cavalcata sulla catena dell'Himalaya, che però mi riportò a Kathmandu con una bronchite e sei chili in meno rispetto all'inizio della spedizione.

Al campo base del Cho Oyu, durante i giorni di bufera, si era manifestato il proposito di scalare l'Everest per il versante tibetano. Trattandosi di una spedizione lunga e difficile, ritenemmo opportuno provare la più alta montagna del mondo nel 1995, in modo da avere un anno di tempo per curarne l'organizzazione. Krzysztof, avendola già scalata, non era interessato al progetto. Per affiatare ulteriormente il nostro piccolo gruppo si decise di andare al Dhaulagiri nell'autunno del 1994. La "Montagna Bianca" era famosa per le sue tempeste e bufere di vento, caratteristica principale anche del versante settentrionale dell'Everest. Potevamo perciò considerare il Dhaulagiri come il trampolino di lancio ideale per il tetto del mondo. Nel 1993, oltre a scalare tre Ottomila in quattro mesi, posi delle solide basi per i progetti futuri.

Alla fine di agosto, come avevamo già avuto modo di constatare l'anno precedente, il monsone non aveva ancora abbandonato il Nepal. Il maltempo, soprattutto sulla catena himalayana, imperversava quasi ogni giorno. Il nostro avvicinamento al campo base del Cho Oyu fu caratterizzato prima dalla pioggia e poi dalla neve.

La via che voleva scalare Krzysztof si trovava sul versante tibetano della montagna. Dovevamo quindi salire da nord. Percorremmo per tre giorni la strada che collega Kathmandu a Lhasa, fino a quando, giunti al villaggio tibetano di Tingri, iniziammo l'avvicinamento a piedi utilizzando gli yak per trasportare il materiale della spedizione. Non era un percorso molto lungo: in soli due giorni di cammino giungemmo a 5600 metri di quota dove installammo il nostro campo base. Era il 4 settembre. In cinque giorni eravamo andati dai 1300 metri di Kathmandu a 5600 metri. Una tirata un po' troppo veloce. Non avevamo concesso al nostro organismo sufficiente tempo per acclimatarsi e tutti noi soffrivamo notevolmente la quota. Nausea, mal di testa, inappetenza e insonnia caratterizzarono la prima settimana trascorsa al campo base. Anche Krzysztof non riuscì a evitare il mal di montagna. In più soffriva di forti bruciori di stomaco. Conoscendolo, non fui molto sorpreso quando lo vidi prendere le pastiglie per curare i suoi disturbi aiutandosi con una buona sorsata di alcool polacco a 95°.

«Non dovrebbe servire ma comunque stai attento» mi dice Krzysztof riferendosi al cordino da sette millimetri che ha semplicemente attaccato con un moschettone al portamateriale dell'imbragatura. Stiamo attrezzando con le corde fisse la prima torre sul pilastro dei Polacchi a una quota di 6500 metri circa. Lentamente guardo sfilare la sottile fune di nylon mentre Krzysztof, senza sforzo apparente, scala una parete verticale alta dieci metri completamente incrostata di ghiaccio. Senza fermarsi, praticamente slegato, raggiunge la sommità del torrione dove àncora la corda a due chiodi piantati nella roccia.

«Per oggi basta» mi dice quando lo raggiungo.

«Lasciamo qui il resto delle corde e il materiale per il campo e torniamo alla base. Il prossimo tratto tocca a Piotr.»

Abbiamo molta fiducia in Piotr Pustelnik. Alpinista esperto e sicuro, è dotato di una grande determinazione e resistenza, sia fisica che psicologica. Conosce molto bene i suoi obbiettivi e, con altrettanta chiarezza, le proprie motivazioni. Sa modificare i suoi punti di vista quando capisce di avere torto anche se, talvolta, è dalla ragione che riesce a passare velocemente al torto. Arrivato all'alpinismo sugli Ottomila abbastanza tardi, a trentanove anni, vive le spedizioni senza stress, tra le varie sessioni di esame dell'università di Lodz[2] dove insegna.

Per attrezzare la nostra via ci siamo divisi in due squadre, Krzysztof e io da una parte, Piotr, Zbignew e Mariusz dall'altra. Ogni giorno il cielo si rannuvola e nel pomeriggio nevica quasi sempre. Le condizioni sulla montagna sono pessime, in particolare sopra i 7000 metri. Dovendo ancora andare allo Shisha Pangma decidiamo di scalare sul Cho Oyu anche con il maltempo.

Le nuvole si sono chiuse attorno a noi. Regolarmente, spostando in alto la jumar, seguo la corda che sparisce nella nebbia e guadagno metri in altezza sulla seconda torre del pilastro, il tratto più difficile di tutta la via. Al termine ci troviamo sulla cresta a 7000 metri dove vogliamo mettere il campo II. Una lama affilatissima di neve fresca e fonda sparisce in alto nelle nuvole. Proseguire su questa cresta è quasi un suicidio. Il rischio è molto alto. Avverto la presenza della valanga in tutti i miei nervi, nell'aria sento il pericolo.

«C'è troppa neve, è troppo pericoloso» dico preoccupato a Krzysztof. Una fitta nebbia avvolge la montagna.

«E allora cosa vorresti fare? Vorresti scendere?»

[2] Principale città della Grande Polonia con 815.000 abitanti.

Con uno scatto nervoso mi supera e comincia a salire. Avanza piano, pestando con grandissima attenzione il pendio instabile. A ogni passo sprofonda fino alle cosce. Osservo il suo procedere lento e circospetto senza sapere cosa fare. Uno stato di completa indifferenza si è impadronito di me. Ogni tanto guardo verso il basso, poi torno a rivolgere lo sguardo verso il compagno.

Le nuvole sono sempre più fitte. Tutto è senza colore e senza profondità. Non esistono più contorni, cancellati dal bianco della neve e della nebbia. Quasi inconsciamente mi ritrovo a salire nelle tracce. Una volta arrivato alla sua altezza, Krzysztof si fa da parte per avere il cambio fino a quando troviamo un piccolo plateau dove poter montare la tenda.

La nebbia mi impedisce di capire dove termina la cresta. Appoggio i piedi nel bianco senza sapere se troverò aria oppure neve. Con la piccozza rompo il bordo superiore del crinale e i buchi neri che si formano mi servono per capire la direzione da tenere.

Nel tardo pomeriggio del 17 settembre mettemmo la tenda del campo II su un ripiano della cresta. Però non potevamo capire se fosse realmente sicuro o se fosse esposto al pericolo di valanghe. Krzysztof era molto preoccupato da questa situazione, ma non avevamo scelta e dovemmo rassegnarci a sperare nella fortuna.

Come sempre le ore prima della partenza verso la cima furono impiegate per cucinare e preparare l'abbigliamento e il materiale per la scalata. A parte un grosso buco nel sopratelo della tenda, provocato dalla fiamma del fornello, non ci furono altri inconvenienti e potemmo sistemare per bene il nostro equipaggiamento e bere a sufficienza per il giorno successivo. Il lavoro più delicato si rivelò, ancora una volta, lo scioglimento del ghiaccio sugli scafi degli scarponi, compiuto con il fornello a gas. Per montare i ghettoni sopra gli scarponi, infatti, bisognava pulire alla perfezione l'esterno dello scafo di plastica in modo che il ghiaccio non rendesse pericoloso l'utilizzo dei ramponi con l'attacco rapido. Anche questo era stato un trucco insegnatomi da Krzysztof. Purtroppo avevamo finito il gas dell'accendino e ci erano rimasti solo alcuni fiammiferi. A volte, quando il ghiaccio fondeva sulla fiamma, alcune gocce d'acqua colavano sul fornello spegnendolo. Dovevamo stare molto attenti, finiti i fiammiferi sarebbe finito anche il tè.

Durante la notte il cielo si aprì. Una limpida volta stellata apparve sopra il Cho Oyu. Sapevamo tuttavia che nelle prime ore del pomeriggio la bufera sarebbe scoppiata un'altra volta. Dovevamo sfruttare al meglio questo breve periodo di quiete sperando di poter raggiungere la vetta prima che le nuvole avvolgessero nuovamente la montagna. Nonostante il freddo lasciammo la tenda verso le quattro del mattino del 18 settembre e iniziammo a risalire i ripidi campi di neve della parete ovest. La neve era terribilmente alta, il pericolo di valanghe diventava, man mano che salivamo, sempre più intollerabile. Per scampare alle slavine cercavamo di tenerci sul filo del pilastro ma le notevoli difficoltà tecniche, affrontate oltretutto al buio e slegati, ci respingevano sempre di più verso un grande canalone al margine destro della parete.

Decidemmo di risalirlo puntando ogni volta a grossi massi affioranti che avrebbero dovuto costituire un buon riparo. Inoltre, secondo la teoria di Krzysztof, quelle rocce fungevano da paravalanghe impedendo alla neve di scivolare. In piena notte, a oltre settemila metri di quota, in un ripido canale di neve fresca e farinosa, era una teoria rischiosa da accettare. Per la seconda volta in due giorni pensai al fallimento e alla possibilità di scendere senza la vetta.

Ci alternavamo nel fare la traccia scavando una profonda trincea nella neve del canale. La progressione era lentissima; milleduecento metri di dislivello separavano il nostro ultimo campo dalla vetta. In poche ore il maltempo avrebbe avvolto la montagna ancora una volta e le condizioni di neve non erano certo ideali. In più Krzysztof soffriva terribilmente a causa del suo stomaco; forse aveva l'ulcera. Le nostre chance di riuscire a scalare la montagna erano veramente poche.

Una volta però accettato psicologicamente il pericolo delle valanghe, mi concentrai totalmente sulla cima. Estraniato dalla realtà non diedi più nessuna importanza alla neve, al brutto tempo o alla stanchezza. Solo il salire era fondamentale. Fare la traccia cercando di essere veloce divenne l'unico pensiero. Non ero più un essere umano, mi ero trasformato in un paio di scarponi che pestavano un profondo e soffice pendio di neve.

Con l'alba la situazione migliorò. La luce del sole, come sempre mi era successo in montagna, fece scomparire le preoccupazioni e le angosce del buio notturno. La grande calotta ghiacciata della cima apparve sopra le ripide balze di misto del pilastro. Sembrava vicina, quasi a portata di mano. Sapevo però che l'aria rarefatta degli ottomila metri di quota spesso inganna la prospettiva falsando le distanze.

Quando raggiungemmo il filo del pilastro si alzò il vento. Iniziammo a scalarne il versante meridionale. Risalendo i campi nevosi della parete ovest ci eravamo stancati terribilmente.

Speravo perciò di essere a buon punto. Continuammo per canalini e piccoli speroni fino in prossimità della vetta. Ancora trecento metri, forse meno, e ci saremmo trovati sul plateau sommitale.

Il tempo divenne sempre più irrequieto. Da molte ore i segni di un peggioramento erano nell'aria.

Nuvole bianche, gigantesche e minacciose, iniziarono a sovrastare la vetta del Cho Oyu. Funghi, pilastri, creste immense: una montagna di vapori sopra una montagna di ghiaccio. Ci trascinavamo stanchi sul plateau della vetta per raggiungerne la parte più alta. Con preoccupazione crescente osservavamo la bufera addensarsi. Appena arrivammo in vetta fummo circondati dal nevischio. Mancavano dieci minuti alle quattro del pomeriggio. Su questa cima sferzata dal maltempo non ci furono né gioia né tranquillità. Nessun abbraccio, nessuna stretta di mano. Questa volta la dea delle pietre turchesi aveva voluto mantenere intatto il suo segreto.

Riuscimmo a tornare alla tenda a 7000 metri con le ultime luci del giorno. Durante la discesa, vicino al punto di raccordo del pilastro con il nostro canalone, Krzysztof, per cercare di scampare al pericolo di valanghe, provò a scendere direttamente sui ripidi salti del filo di cresta. Appena compresi le sue intenzioni mi fermai immediatamente. Capii che ci stavamo mettendo nei guai passando da un azzardo a un altro, sentivo che la sua idea non ci avrebbe condotto da nessuna parte. Nelle nostre condizioni, sfiniti dalla cima e senza neanche un pezzo di corda, era impossibile riuscire a scalare in discesa quel tratto di montagna. Inoltre la neve era altissima, come sulla parete, e l'esposizione terribile. Un altro rischio era quello di rimanere bloccati e di dover poi risalire sino all'imbocco del nostro canalone. Le mie energie non mi avrebbero permesso ulteriori "passeggiate" a oltre 7500 metri di quota.

Krzysztof incominciò a scendere per un centinaio di metri. In un primo momento aspettai e rimasi a vedere cosa combinava, poi scesi cinquanta metri e mi fermai. Il mio compagno continuava a "ravanare". Dopo alcuni tentativi si convinse che continuare era pura follia. Ritornammo sui nostri passi e ci infilammo giù dalla parete ovest senza più tanti problemi.

Durante la notte trascorsa al campo II fui tormentato dalla sete. Eravamo infatti troppo stanchi per farci anche solo un po' di tè e così non bevemmo niente fino al giorno dopo, quando arrivammo al campo base.

Sull'ultimo tratto del ghiacciaio ci vennero incontro i nostri compagni. Mariusz prese il mio zaino. Per me la spedizione al Cho Oyu era proprio finita.

Krzysztof è in uno stato di trance. Dopo aver scalato con me il Cho Oyu, adesso vuole tentare la vetta da solo e in giornata. Mentre aspetta che arrivi la mezzanotte, resta seduto nella tenda-cucina, già vestito con la tuta in piumino. La tensione è così forte da farlo vibrare in tutto il corpo, come se fosse percorso da una scarica elettrica. Gli occhi non gli appartengono più, brillano strani e non guardano le cose di questo mondo. Il maltempo continuo e la troppa neve presente sulla montagna lo convincono a desistere. Però è tutto solo rimandato. «Risparmio le forze per lo Shisha Pangma» dice. Gli occhi, per adesso, possono spegnersi.

Restammo ancora una settimana al campo base aspettando gli yak e il tentativo dei nostri amici che portò in vetta anche Piotr e Joao. Il 26 settembre iniziammo la discesa verso il campo cinese sotto la neve e il brutto tempo. Ci aspettava ancora lo Shisha Pangma.

Avevamo scalato il Cho Oyu molto velocemente: ventidue giorni da Milano alla vetta. Ma lo stress psicofisico provocato da una ascensione così tirata si stava facendo sentire. Tutti noi avevamo problemi di affaticamento. Piotr si era anche congelato le dita dei piedi. Ogni giorno doveva cambiarsi le bende per limitare il pericolo di infezioni. Con alcune dita nere e le piaghe aperte e sanguinanti aveva grosse difficoltà a camminare. Fece l'avvicinamento allo Shisha Pangma in sandali per evitare il più possibile i dolori provocati dagli scarponi. Quando gli chiesi come pensasse di poter salire in quelle condizioni, senza scomporsi mi rispose:

«Il problema è il caldo. Con il caldo i dolori sono più forti, andando al freddo invece non si sente più niente.»

Il mio occhio aveva resistito, e la mano non mi aveva dato eccessivo fastidio. Ero felicissimo, non avevo riportato nessuna conseguenza da questo mio ritorno a 8000 metri. Se mi era andata bene la prima volta perché non avrebbe dovuto essere lo stesso per la seconda? Per quanto riguardava Krzysztof, il suo stomaco non gli aveva impedito di scalare il Cho Oyu e non gli avrebbe certo vietato di salire anche sullo Shisha Pangma.

Mariusz Sprutta, invece, rinunciò alla cima per problemi di circolazione alle mani e lo stesso sarebbe poi accaduto sul secondo Ottomila. Zbignew Terlikowski soffriva di sinusite e il portoghese Joao Garcia, dopo essersi fatto estirpare al campo base un dente cariato con pinze da meccanico, era riuscito a scalare la vetta insieme a Piotr ma ora un'infezione a una mano lo aveva definitivamente messo fuori gioco.

Cosa sarebbe successo nel prossimo futuro? Non potevamo ovviamente saperlo ma partimmo per la seconda fase del progetto pieni di fiducia e di speranza. Nessun componente della nostra spedizione, per nessuna ragione al mondo, avrebbe rinunciato almeno a provare anche il secondo Ottomila del "piano".

Makalu, Lhotse, Everest, Nanga Parbat... Montagne, immagini, sogni. La pazzia cristallizzata in ghiaccio e roccia. Si fanno programmi, si discute dove andare. Smaniamo per tornare a casa e intanto decidiamo di andare all'Everest nel '95. Sembriamo un manipolo di folli allucinati che sbavano per delirare dalla fatica e dalla sete.

Il 29 settembre lasciammo il villaggio di Nyalam al mattino, quando il sole era già alto. Faceva caldo, il cielo era terso. Finalmente, dopo un mese di pioggia e neve, potevamo sperare in un periodo di bel tempo.

Due autocarri cinesi ci trasportarono alla periferia del villaggio dove aspettavano gli yak. Mentre eravamo fermi in un prato, potei osservare con calma l'inizio della valle che ci avrebbe condotto al campo base della parete sud-ovest. Era molto ampia, coperta di prati con piccoli fiori. Nel mezzo un grosso torrente scendeva impetuoso trasportando l'acqua dei ghiacciai dell'Himalaya. Era un ambiente molto diverso da quello incontrato fino a ora. Non c'erano morene gigantesche da attraversare, nessuna seraccata pericolosa, niente di quanto normalmente incontravamo durante l'avvicinamento a un Ottomila.

Eravamo tutti sorpresi da questa natura dolce e invitante. Di fianco al prato la strada finiva e si trasformava in un largo sentiero sul quale erano ancora chiaramente visibili, per qualche centinaio di metri, i segni delle gomme degli autocarri. Sul lato della strada un muro di sassi e calce alto due metri circondava l'ampio spazio del cortile di una fabbrica. All'interno, vicino al muro, due operai cinesi segavano con movimenti decisi e sicuri una grande trave di legno.

Stavamo aspettando che i carichi fossero sistemati sui dorsi degli yak, tenuti fermi grazie a grossi anelli di legno fissati nelle narici. Quando un animale cercava di ribellarsi o scappare, i pastori tibetani afferravano una cordicella legata agli anelli. Bastava tirare con un po' di forza e il dolore provocato alla bestia era sufficiente per immobilizzarla. A volte, quando lo yak era particolarmente restìo, il pastore tirava la fune con tale violenza che le narici dell'animale si allungavano in maniera impressionante. Mai nessun lamento però usciva dalla bocca di questi fieri e nervosi buoi himalayani. Il loro sguardo era orgoglioso e caparbio. Era uno sguardo che incuteva rispetto e ammirazione. Più volte i nostri bidoni furono scaraventati nella polvere e più volte i tibetani dovettero tornare a legarli sulla schiena degli yak. Ormai queste perdite di tempo avevano smesso di innervosirci. Il nostro ritmo di vita si era adattato a quello asiatico.

Nel frattempo provavo ad immaginare come poteva essere l'avvicinamento allo Shisha Pangma. Quanti giorni sarebbe durato. Dove fosse il nostro campo base, la parete. Con il pensiero cercavo di scoprire il futuro e intanto ripercorrevo i giorni trascorsi al Cho Oyu, la partenza da Kathmandu, l'avvicinamento sotto la pioggia e la neve, l'arrivo in Tibet con la frontiera di Zangmo affollata di militari cinesi.

Ripensavo a Nyalam con le sue violente contraddizioni: discoteche con video di musica moderna e, a pochi metri di distanza, decine di nomadi tibetani accampati in fitte tendopoli. Era una visione sconvolgente nella quale si fondevano, come un ibrido mostruoso, la semplice e naturale vita di un tempo remoto e la violenta, devastante, prepotenza degli invasori cinesi.

Dopo un'ora di preparativi finalmente tutto era pronto. Lungo il sentiero incontrammo ancora qualche capanna poi trovammo soltanto alcuni pastori che vivevano all'aperto con il loro bestiame.

La valle ci accoglieva con prati verdi e torrenti puliti. Eravamo felici come bambini, increduli camminavamo nell'erba verde e morbida. Nei ruscelli ci fermavamo a giocare con l'acqua e, soprattutto, dopo settimane potevamo lavarci.

Solo ogni tanto alzavo lo sguardo sulla formidabile barriera di montagne ghiacciate che quasi a ferro di cavallo chiudeva la testata della valle.

Intravedevo gigantesche pareti ripide e costellate di seracchi.

Questa zona dell'Himalaya era ancora poco frequentata e, molto probabilmente, nessuna di queste montagne era mai stata salita.

Non sapevamo con precisione quanto sarebbe durato l'avvicinamento alla parete sud-ovest. Krzysztof ipotizzava cinque o sei giorni, i pastori meno. Nessuno però era sicuro delle proprie affermazioni, così come nessuno di noi conosceva il luogo del campo base.

In due giorni raggiungemmo un laghetto glaciale ai piedi di enormi colline moreniche. Proprio sopra questi ammassi di rocce e sabbia si alzava il gigantesco appicco meridionale dello Shisha Pangma.

Era difficile coglierne le reali dimensioni. All'apparenza somigliava a una ripida parete di misto delle Alpi Occidentali. Ma sapevamo che quell'impressionante scivolo di roccia e ghiaccio era alto come due pareti nord del Cervino poste una sull'altra.

La montagna dominava tutto il paesaggio circostante. Soggiogava le nostre menti. Emergeva alta e imponente diventando l'unico argomento dei nostri discorsi e l'unico obbiettivo dei nostri pensieri.

Il periodo di bel tempo aspettato con ansia era finalmente arrivato.

Allo Shisha Pangma la situazione era diversa rispetto alle precedenti spedizioni. Eravamo già acclimatati ma, contemporaneamente, non avevamo più la forza mentale per fare lo "yo-yo" sulla montagna. Doveva essere una salita "blitz", un rapido colpo di mano. Solo così potevamo sperare di avere successo. Per la prima volta avevo la possibilità di sperimentare lo stile alpino su una montagna di ottomila metri.

Krzysztof non aveva certo abbandonato la sua idea di realizzare una via nuova. Ma voleva scalare la vetta in giornata. Per attuare un simile progetto decise di lasciare al campo base tutto quello che, per il peso, poteva diminuire la velocità di salita. La sua grande esperienza e bravura gli consentivano di assumere un rischio enorme come quello di salire senza tenda, senza sacco piuma e senza assicurazione su una via sconosciuta e per di più in giornata. Scalare un Ottomila in solitaria e nell'arco delle ventiquattro ore non era, per Krzysztof, una novità.

Inizialmente dovevamo formare cordata insieme anche questa volta. Ero molto preoccupato da questo progetto, non potevo giocarmi la vita con una decisione del tipo "o la va o la spacca". Lo Shisha Pangma non era un tavolo da roulette. Quando il compagno non volle indicarmi neanche la via di salita in quanto l'avremmo decisa soltanto all'attacco della montagna, sentii che la situazione stava per sfuggire al mio controllo. Non capivo più se ne ero all'altezza. Il gioco era diventato superiore alla mia esperienza. Scelsi di tentare la scalata con Piotr e gli altri amici. Per Krzysztof la mia decisione non fu determinante. Partì da solo e aprì una nuova via in giornata riuscendo a rientrare al campo base in buone condizioni dopo un tremendo bivacco in discesa a 7400 metri. Aveva compiuto un'impresa incredibile!

Il pomeriggio del 3 ottobre ci ritrovammo tutti alla base avanzata. Solo Joao, avendo problemi di salute, rinunciò alla montagna e fece ritorno a Nyalam.

Piotr Pustelnik, Zbignew Terlikowski e Mariusz Sprutta, che componevano la seconda squadra, volevano utilizzare una sola tenda per essere più leggeri. Quando decisi di cambiare programma unendomi a loro, non volli creare problemi ai miei amici. Quattro persone per una tendina d'alta quota erano decisamente troppe. Stabilii perciò di partire da solo durante la notte e raggiungere i miei compagni verso l'alba.

Oggi non è una buona giornata. Un vento fortissimo, proveniente dal Nepal, soffia sull'altopiano tibetano. In vetta allo Shisha Pangma cose terribili: il vento si schianta furioso contro la parete sud-ovest e, sul grande plateau a nord, una nuvola gigantesca fuma senza sosta. Oggi sono contento di non essere lassù.

Da molte ore sto aspettando disteso nel saccopiuma. È già buio, tutto è imprigionato da una morsa di gelo. Il gelo della notte himalayana. Zbignew resta sdraiato accanto a me e cucina qualche cosa da mangiare. È appena rientrato dalla parete. Ha rinunciato. Nel pomeriggio era partito con Piotr e Mariusz. Verso i 6300 metri di quota è tornato indietro. Con una sola piccozza sui ripidi pendii ghiacciati non se l'è sentita di rischiare. È rientrato già a notte fonda nella tenda alla base delle parete, dove adesso ci troviamo. È stanco e disidratato.

«Con due figli e una moglie non ho potuto rischiare» mi ha detto quando gli ho chiesto spiegazioni. Ha rinunciato all'inizio di un lungo traverso di ghiaccio vivo prima del couloir che porta a 7400 metri.

«Only one ice-axe, no possible[3]» ha esclamato nel suo inglese-polacco.

Zbignew è un uomo buono e gentile. Non è mai riuscito ad avere grosse soddisfazioni dalle sue spedizioni in Himalaya ma è comunque uno degli elementi

[3] «Con solo una piccozza non è possibile.»

più importanti del gruppo, non solo per la sua notevole esperienza, ma anche per la disponibilità a sacrificarsi per gli altri. Adesso, con calma, in questa fredda notte ai piedi della montagna, cucina senza sosta cercando così di alleviarmi le fatiche che precedono la partenza verso la vetta. Mentre si affaccenda attorno al fornello per fare il tè, prendendo la neve da un sacchetto di plastica, cerco di mettere ordine in me stesso. Come se fossi divorato da una febbre improvvisa spasimo con l'animo e il cervello torturati da una tensione violenta. Ho deciso di partire questa notte e di raggiungere Piotr e Mariusz che già dal pomeriggio si trovano impegnati sulla montagna. Secondo i miei calcoli dovrei salire con il buio e, dopo aver scalato circa settecento metri di parete, incontrarli alle prime luci dell'alba e proseguire con loro verso la cima. L'ottimo acclimatamento raggiunto diciotto giorni fa sul Cho Oyu, dovrebbe garantire una sufficiente autonomia per compiere la scalata senza soste. Condizioni della montagna permettendo.

«Tea is ready» dice con calma Zbignew porgendo il pentolino fumante. Ormai è come se fossi distaccato dall'ambiente circostante. Tutto quanto esiste intorno a me, i teli della tenda, il sacco piuma caldo e accogliente, e persino l'amico, li avverto lontani e indefiniti. Non riesco più a percepirli con i sensi. Sono proiettato all'esterno, nella notte, e sento incombente la gigantesca parete che mi sovrasta. L'odore del ghiaccio provoca forti sensazioni di nausea e, improvvisamente, la stanchezza maturata in un mese di spedizione aumenta la mia insicurezza. Ho l'impressione di intraprendere un progetto folle e soprannaturale. Tutte le difficoltà di una simile salita si sono materializzate di colpo e mi schiacciano sotto un peso insostenibile.

«Puoi tenere la mia piccozza se vuoi, per tornare al campo base non serve.»

«Accidenti Zbignew, un'altra scusa che svanisce!»

Al momento la sua disponibilità è irritante in quanto contribuisce a spingermi verso la montagna che invece vorrei fuggire. Durante le scalate sulle Alpi, avevo già provato la paura delle ore notturne prima della partenza verso una difficile parete. Non è una sensazione nuova e sconosciuta. Con l'esperienza si impara anche a generare gli "anticorpi" che permettono di superare la crisi. Ogni volta però si percepisce concretamente la propria debolezza.

«Ci casco ancora come un idiota. Sono di nuovo nei guai!»

I pensieri turbinano vorticosi senza che possa fermarli. L'idea di abbandonare tutto e scendere al campo base diventa sempre più violenta. Chi mi obbliga a scalare anche questa montagna? Due mesi fa ho salito il Broad Peak e il mese scorso ho anche scalato il Cho Oyu. Due Ottomila in settanta giorni non bastano ancora? Perché devo sfinirmi un'altra volta su queste gigantesche montagne?

Gradualmente sono prigioniero di una morsa invincibile, opprimente e devastante. Non posso sfuggirle. Per quante scuse o giustificati motivi io porti a favore dell'idea di rinunciare, sento chiaramente che l'unica strada per il campo base passa dalla vetta. È un mistero inspiegabile. Una parte dell'istinto si ribella all'idea della scalata, urla e si contorce, imprigionato dalla forza misteriosa da lui stesso generata. È un caos primordiale capace di provocare il tormento di una malattia mortale.

Poi una specie di torpore mi invade, cado in uno stato d'incoscienza.

Come sotto l'influsso di una potente droga perdo il contatto con la realtà dei miei progetti. Solamente una sottile, profonda sensazione di angoscia impedisce di dimenticare il futuro in agguato.

Lentamente, con gesti misurati e meccanici, ho preparato stando seduto con metà corpo fuori dal sacco piuma tutto il materiale per la scalata. Compio questi preparativi quasi senza accorgermene, con distacco e indifferenza. So che fino a quando rimarrò nel sacco piuma non dovrò decidere niente. I teli della tenda, però, nascondendo il mondo esterno, contribuiscono ad aumentare le paure. La fantasia crea immagini irreali e terribili. Per prendere una decisione razionale dovrò uscire e sentire la natura con tutti i sensi. Solo allora saprò come agire.

Zbignew, da esperto alpinista, ha sicuramente compreso il travaglio interiore che mi sta soggiogando. Con calma inizia a parlare per alleviare la tensione. Si occupa del fornelletto e continua a preparare il tè. Non prova a interferire nei miei pensieri, sa che soltanto io posso stabilire cosa fare. Pur trovandoci nello stesso luogo, rinchiusi nella stessa tenda, siamo in realtà lontanissimi l'uno dall'altro: tra poco uno scenderà verso il campo base e l'altro salirà incontro alla montagna. Il muro esistente tra noi è un immenso appicco di ghiaccio e roccia.

Con calma soppeso ogni oggetto valutandone l'effettiva utilità, poi, una volta deciso di portarlo con me, lo ripongo con cura nel fondo dello zaino. Faccio tutte queste operazioni come se non fossero effettivamente gesti che preludono alla scalata. Li compio spinto dall'abitudine a questo genere di preparativi. So con assoluta certezza che se esistessero ostacoli quali gravi problemi fisici o condizioni meteorologiche non adatte, rinuncerei alla scalata per tornare al campo base insieme a Zbignew.

Durante i preparativi ascolto il mio animo per captarne le indicazioni. Il pensiero filtra dalla paura ogni segnale, lo ordina, lo classifica analizzandolo e ne trae le conseguenze stabilendo i successivi comportamenti da adottare. Sono come scisso in varie entità, tutte comunicanti tra loro, che freneticamente si scambiano segnali per stabilire le azioni future. Inebetito dalla tensione seguo come un automa gli impulsi provenienti dal subconscio.

Quasi inavvertitamente ogni muscolo inizia a tendersi. Sono scosso da improvvisi conati di vomito provocati dalla grande carica chimica che sento svilupparsi in misura sempre maggiore. All'improvviso non posso più rimanere sdraiato nella tenda. L'attesa diventa insopportabile e, in un attimo, sono all'esterno, nella neve.

Senza accorgermene ho deciso. Non penso più a scendere o agli eventuali pericoli da affrontare. Zbignew tiene aperta con una mano l'abside della tenda mentre aggancio i ramponi sulle gigantesche ghette d'alta quota. Con la coda dell'occhio vedo il suo viso dietro la luce giallo-viola della pila frontale. Come sprofondato in un'altra dimensione emerge da un profondo buco nero. Avverto ancora più violentemente la lontananza che ci separa. Ora non abbiamo proprio più niente da dire. Con molta naturalezza ci auguriamo buona fortuna. Subito dopo, con un breve scatto, l'abside si richiude lasciandomi solo.

La luna indugia ancora dietro la grande cresta dello Shisha Pangma. Contavo sulla sua luce per riuscire a trovare la via giusta nell'intricato labirinto di roccia e ghiaccio della parete. Un moto di rabbia mi attraversa il cuore appena rimango immerso nel buio. La presenza della tenda mi mette a disagio, rappresenta l'ultimo legame con il mondo sicuro e conosciuto al quale ho volontariamente rinunciato.

I primi passi sono percorsi nell'etere. È una dimensione sconosciuta nella quale non ho nessun punto di riferimento. Vivo un incubo mostruoso dove tutto fluttua intorno a me e dove io stesso sono leggero come una piuma. Avanzo immerso in un fluido etereo che stordisce e rende molli i muscoli.

Per raggiungere il ghiacciaio devo scendere per un centinaio di metri dalla cresta di una morena sulla quale abbiamo montato la nostra tenda deposito. Nella neve fresca del pendio le profonde orme lasciate da Piotr e Mariusz indicano la direzione da tenere. Questa traccia, come un cordone ombelicale, mi lega ai due compagni infondendo tranquillità e determinazione. Risalendo lungo i pendii innevati sotto la parete, oltrepasso grossi blocchi di ghiaccio e roccia accatastati senza ordine per ogni dove, testimoni degli sconvolgimenti che interessano, durante le ore più calde del giorno, la parte bassa della montagna.

Se un alpinista si rendesse effettivamente conto dei pericoli e delle difficoltà affrontati durante una scalata, probabilmente non sarebbe più in grado di muovere neanche un passo. Per sua fortuna (o sfortuna), il pensiero si concentra unicamente sull'immediato. La montagna è così grande rispetto a lui da risultare impossibile coglierne le reali proporzioni.

Così come per la mente umana è inafferrabile il concetto di infinitamente grande o infinitamente piccolo, per l'alpinista è inafferrabile la grandezza dei guai in cui si va immancabilmente a mettere ogni volta che affronta una salita. Soltanto in rari momenti di lucidità mentale lo spirito di conservazione riesce a prospettare i rischi effettivi.

Dopo il purgatorio vissuto all'interno della tenda nell'attesa della partenza, durante il quale ero stato sul punto di rinunciare, avevo, con l'inizio della scalata, dimenticato tutte le paure e le ansie. Dovevo essere il più veloce possibile per riuscire a raggiungere Piotr e Mariusz alle prime luci dell'alba. Avevano infatti programmato di scalare la montagna con un solo bivacco a metà parete. La rinuncia di Zbignew però aveva rallentato l'ascesa, perché i due amici rimasti avevano diviso tra loro il materiale previsto per tre. Il luogo del bivacco, scelto il giorno prima, non era quindi stato raggiunto. E un altro problema stava sopraggiungendo.

Quando arrivai presso la tenda dei compagni era ancora buio. Avevo scalato più velocemente di quanto sperato. La prima parte non era stata affatto semplice e ora capivo molto bene perché Zbignew, con una piccozza sola, non avesse voluto proseguire. Ripidi pendii inclinati a più di cinquanta gradi, completamente ghiacciati, si addentravano in un labirinto di seracchi pericolosi e instabili, disseminati su tutta la metà inferiore della parete. Era un'arrampicata da equilibrista, affrontata sulle punte dei ramponi e sempre esposta al pericolo di improvvisi crolli di muri ghiacciati.

La luce della luna era finalmente giunta a facilitare l'orientamento e faceva scintillare l'ambiente circostante. Lucide lastre di ghiaccio vivo risplendevano sotto i raggi dell'astro notturno. Nessun rumore attraversava l'aria, una calma innaturale aleggiava su tutta la montagna. Fino a quando proseguivo l'arrampicata, il calore generato dall'azione muscolare consentiva di sopportare il freddo intenso della notte. Nonostante indossassi una tuta studiata apposta per gli Ottomila e già ampiamente collaudata nelle altre spedizioni, non potevo fermarmi a riposare senza essere subito attraversato da brividi di freddo che penetravano fin nelle ossa.

Mi inoltravo sempre più in questo regno stregato. Le torri di ghiaccio frastagliato apparivano avvolte da un alone splendente, come castelli incantati si manifestavano e scomparivano seguendo la danza nervosa del fascio luminoso della mia frontale. Era un mondo seducente che mascherava terribili insidie. Larghi solchi, profonde gole simili a piste da bob scendevano serpeggiando nel buio. Quando dovevo attraversare questi tratti pericolosi cercavo di correre il più velocemente possibile. Le condizioni della neve erano sicure ma il lento movimento del ghiaccio non veniva fermato neanche dal freddo della notte himalayana. Sapevo che in ogni istante una valanga poteva spazzare quegli sdruccioli travolgendo ogni cosa.

Stentavo a comprendere le mie stesse azioni. Capivo di scalare un Ottomila da solo, senza la minima sicurezza, di notte, lungo una parete che mai avevo percorso e della quale non conoscevo quasi nulla. Eppure vivevo tutto ciò come se ogni gesto compiuto fosse stato irreale. Questa sovrapposizione continua tra vero e immaginario mi impediva di percepire cosa stessi facendo e dove fossi.

Quando li raggiunsi, Piotr e Mariusz dissero che non volevano iniziare a scalare di notte. Dovetti quindi entrare nella tenda e aspettare l'alba.

Sul momento non l'avevo riconosciuta. Un morbido pendio nevoso terminava sotto a un seracco alto e aggettante. Una massa scura e rotonda si distingueva sul fondo del seracco. Ero riuscito incredibilmente, in mezzo a quel tormentato mondo di ghiaccio, a trovare la tenda dei miei due amici. Il primo ad esserne sorpreso fui proprio io. Lanciai un urlo di saluto in direzione della tenda. Dovetti ripetere il richiamo altre due volte prima che Piotr rispondesse. I due polacchi stavano riposando al caldo dei loro sacchi-piuma.

Mariusz era profondamente addormentato, quasi fosse morto. Giaceva in uno stato letargico. Incominciava a palesare quei disturbi conseguenti alla quota che nel giro di poche ore lo avrebbero costretto a rinunciare alla vetta. Piotr invece aspettava solo il momento buono per partire ed era in perfetta forma.

Ancora una volta, con l'inattività, incominciai a tremare dal freddo. Di proposito, per essere più leggero, non avevo portato il sacco piuma. Adesso dovevo pagarne le conseguenze. Piotr, dopo un po' di tempo, divise il suo con me. Lo utilizzammo come una coperta rimanendo nella stessa posizione per tutto il resto della notte. Gli chiesi se eventualmente anche la volta successiva avremmo potuto adottare lo stesso sistema e lui accettò senza problemi.

Al mattino dividemmo il carico, finalmente potevo essere d'aiuto ai miei compagni. Iniziai subito a fare la traccia per circa cinquecento metri. Ci riunimmo all'inizio del canale vero e proprio che conduce alla sella a 7400 metri. Sembrava non dovesse mancare molto alla cresta sommitale, anche se la pendenza della parete era notevolmente aumentata.

Intorno a mezzogiorno il ghiaccio cominciò a sciogliersi. Nel colatoio cadevano sassi e piccole scariche di neve. La situazione era molto pericolosa. D'un tratto mi sentii chiamare da Piotr. Dovetti scendere alcuni metri per trovare un gradino di roccia dove poter appoggiare un piede e sostare con una certa sicurezza. Quando mi raggiunse disse che Mariusz era sfinito. Gli stessi problemi di circolazione sofferti durante la scalata al Cho Oyu si erano presentati nuovamente non appena tornato a 7000 metri. Mariusz decise di non rischiare e di rientrare al campo base da solo per non farci perdere la possibilità di raggiungere la vetta. Mi diede anche il suo sacco piuma, avrebbe preso quello rimasto inutilizzato nella tenda deposito.

Stabilimmo di salire fino alla sella a 7400 metri e di proseguire il giorno dopo. Con tutto il campo nello zaino avevo subito rinunciato all'idea di scalare senza fermarmi.

L'intaglio fu raggiunto al buio, verso le dieci di

sera. Due errori di valutazione della via commessi da Piotr ci avevano fatto perdere molto tempo e la poca energia rimasta. Infatti, mentre ritenevo che per arrivare alla sella si dovesse rimanere nel fondo del colatoio, Piotr voleva scalare la parete sopra il canale. Per ben due volte salimmo quasi cento metri sulla sinistra del couloir lungo creste di neve e insidiosi speroni di misto, trovando ogni volta la strada sbarrata da pareti di roccia strapiombante. A quasi 7500 metri, in condizioni di totale isolamento e assenza di assicurazione, con le ultime luci della sera, furono due varianti che avrei evitato volentieri. Alla fine, "Inshallah"[4], uscimmo da quel ripido imbuto e provammo a mettere la tenda.

Eravamo sfiniti e il freddo era glaciale. Lo spiazzo per la tenda doveva essere scavato nella neve, a cinquanta metri dalla sella vera e propria. Al buio non avevamo osato salire ancora temendo di esporci alle valanghe o di finire sull'orlo di qualche cornice. Così, appena fu individuato un minuscolo gradino, ci fermammo. Era incredibile ma su quella gigantesca muraglia sembrava non esistere un posto abbastanza grande dove poterci sistemare.

Solo dopo averla montata vedemmo che la tenda sporgeva nel vuoto per venti centimetri. Riuscire ad entrare era un'operazione da contorsionista e qualsiasi movimento all'esterno rischiava di trasformarsi in un volo spaventoso. Sembrava un nido d'aquila, fissato con due piccozze ancorate in qualche modo nella neve farinosa.

Ci fu anche il "tocco" finale. Per il freddo le bacchette della tenda si spezzarono come grissini. Gli elastici che le tenevano insieme erano marciti e non riu-

[4] Tipica espressione del popolo pakistano e dei musulmani in genere, paragonabile al nostro "A Dio piacendo".

scivano più a collegarle. Infine sugli stessi elastici si erano misteriosamente formati dei nodi e non era più possibile unire le aste.

Tutti questi problemi mentre eravamo al buio, morti di freddo e completamente esausti.

L'unica soluzione adottabile in quelle condizioni fu tagliare gli elastici. Appena recisi, alcuni bastoncini di alluminio sparirono con un lieve fruscio inghiottiti dal buio. Ci ritrovammo con bacchette più corte e rotte dal freddo. Con alcune viti da ghiaccio al titanio Piotr riuscì a metterle insieme e, in qualche modo, montammo il tutto. Anche in questa occasione ebbi modo di constatare il suo perfetto autocontrollo. Riuscimmo a entrare nella tenda verso le tre del mattino, cinque ore dopo aver iniziato a scavare la piazzola!

Quando sorse l'alba del 5 ottobre si decise di rimanere in tenda e di partire verso le due o le tre della notte seguente. Volevamo dedicare la giornata a bere il più possibile per impedire al sangue di diventare troppo denso.

A 7400 metri stavo benissimo, l'ottima acclimatazione ottenuta con la scalata del Cho Oyu dava i suoi frutti ed ero abbastanza fiducioso sulle nostre possibilità di riuscita, soprattutto perché nel pomeriggio, dopo una breve ricognizione, avevamo trovato neve buona. Intanto, durante un collegamento radio con il campo base, venimmo a sapere che Krzysztof non aveva iniziato la salita alla vetta. Non era riuscito a raggiungere la base della montagna a causa di un avvicinamento troppo lungo e complicato e aveva fatto un deposito di materiale sul ghiacciaio rientrando al campo con l'intenzione di ripartire dopo un giorno di riposo.

Durante la ricognizione pomeridiana, trovando buone condizioni, non proseguimmo molto, fermandoci dopo duecento metri. Bisognava percorrere la parte alta del versante est rimanendo un po' sotto la cresta che separa il lato meridionale da quello orientale. Quando la notte tra il 5 e il 6 ottobre superammo il punto più alto raggiunto nella ricognizione, incontrammo delle condizioni orribili. Sprofondavamo nella neve fresca fino alle cosce e dovevamo procedere in diagonale tagliando tutto l'immenso pendio della parete. Il rischio di provocare una valanga era elevatissimo. La bufera di vento scatenatasi nei giorni precedenti la nostra partenza, soffiando dal Nepal verso il Tibet, non aveva ripulito la montagna dalla troppa neve, ma l'aveva solo trasportata dalla parete sud a quella est, creando uno spesso manto soffice e cristallino.

Mi muovo piano, lentamente, cercando di respirare il meno possibile per essere più leggero. Ho i capelli ritti sulla testa mentre un nodo doloroso perfora lo stomaco. Ho paura. Una paura totale che impregna ogni fibra. Vorrei scappare, essere lontano migliaia di chilometri da questa montagna. Ho voglia di urlare, di imprecare. Invece continuo ad andare avanti. Cerco di progredire lungo il bordo di un seracco per non rimanere nel pendio aperto. La neve diventa ancora più fonda e la lama di neve sempre più ripida. A ogni passo sono più incerto e indeciso. Come venti giorni prima al Cho Oyu vorrei tornare indietro perché capisco di rischiare troppo.

Piotr mi raggiunge.

«Possiamo provare, sotto i ramponi sento che la neve tiene ancora» bisbiglia con un filo di voce.

«È una cosa da pazzi, solo degli incoscienti possono tagliare in diagonale un simile pendio.»

Un tuono sordo, potente come una cannonata, ci avverte che la neve della parete si è assestata. Trattengo il fiato aspettando la valanga. Ma non succede niente. Piotr va davanti e riprende a "tagliare".

"Se il pendio si è assestato senza staccarsi, adesso non è più così pericoloso" penso seguendo la traccia.

«Oramai il peggio è passato.»

Le prime luci del giorno rischiarano un grosso crepaccio che sbarra il nostro cammino. Strisciando lungo un sottile ponte di neve riusciamo a raggiungere gli ultimi cento metri della parete est. Il tempo è sempre splendido. Mentre ci avviciniamo alla cresta sommitale la neve migliora. Con la luce del sole nasce un mondo nuovo e magico. Lunghi pendii ghiacciati lavorati dal vento compaiono come mari lunari. La vetta mi attrae. Non la vedo e non so neppure dove sia ma la sento fisicamente. Il vento nato con l'alba mi esalta, mi dà nuova forza. Attraverso le sue raffiche scorgo in ogni direzione distese marroni, gialle, azzurre. Lo Shisha Pangma si erge come un possente scoglio nel mezzo del Tibet. Sono sospeso sopra un mondo irreale, in un luogo misterioso, spaziale. Sono affascinato, stupito, esaltato, intimorito, stupefatto. Durante le soste dopo ogni serie di passi cerco, respirando freneticamente, di riportare la vita nel corpo. È proprio questo stato limite, questo mondo estremo che accentua ogni senso. Solo attraverso la fatica esasperata, la paura mortale, il totale isolamento, riesco a cambiare dimensione.

Davanti c'è la vetta dello Shisha Pangma. Una cresta affilata si alza per cento metri sopra l'ultimo plateau di neve e termina con due gobbe. Quella più a sud è la cima.

Aspettai Piotr e poi, a braccetto, percorremmo insieme gli ultimi metri.

L'aria era fredda, pura. Osservavo sbalordito uno spettacoloso groviglio di ghiacci e roccia che in ogni direzione urlava con prepotenza la sua bellezza. Ne rimasi incantato. I sensi, per un istante, vennero meno. Tre piramidi, perfette, regolari, straordinariamente alte e slanciate, emergevano dalla crosta terrestre come uragani cristallizzati. Erano l'Everest, il Lhotse e il Makalu. Niente li superava. Niente poteva essere altrettanto immenso. La forza dei continenti che, schiantandosi l'uno contro l'altro, li aveva generati, si era fusa in quelle muraglie immani. Di fianco a loro, quasi in disparte, come un timido bambino, stava il Cho Oyu. La sua bianca cima piatta e larga risplendeva sotto il sole. Il blu del cielo penetrava tra le linee delle montagne, le avvolgeva, ne distorceva le forme. Questo cielo sterminato, profondo, infinito: tutto gli apparteneva, noi uomini e l'Himalaya. I seracchi, l'altopiano tibetano, le foreste nepalesi. Era formato dagli oceani, dai fiumi, dagli animali. Quel cielo era nulla e ogni cosa. Mi era lontanissimo e vicino. Così vicino da essere in me e così lontano da non poterlo neanche vedere. Perché non si fermava da nessuna parte. Non aveva confini né colori. Né forme né dimensioni. Il suo blu era anche nero. Il suo blu era anche bianco.

Dopo le rituali fotografie, Piotr volle iniziare subito la discesa. Erano le dieci e trenta del 6 ottobre, dalla tenda ci separavano seicento metri di dislivello e non mi sentivo affatto stanco. Non avevamo molto tempo da dedicare alla cima. Volevamo arrivare alla base della parete lo stesso giorno. Gli dei della montagna, fino a quel momento, erano stati favorevoli e non potevamo sperare ancora molto nella loro benevolenza.

La fiamma del fornello sibila tranquilla sotto il pentolino di alluminio consumando la nostra ultima cartuccia di gas. Aspettiamo.

La discesa fino alla tenda è stata semplice e veloce. Abbiamo ripercorso anche il lungo traverso senza

Mariusz Sprutta in arrampicata a 6800 metri sulla parete nord-ovest del Gasherbrum I.

Le foto del volume, salvo diversa indicazione, sono di Marco Bianchi

Colonna di portatori durante la marcia di avvicinamento al campo base del Gasherbrum I.

Il Gasherbrum I 8068 metri, fotografato dal campo base sul ghiacciaio Duca degli Abruzzi.

Il campo I del Manaslu sul Nike Col
a 5550 metri di quota.

Il Manaslu 8163 metri, fotografato all'alba
dal campo base.

La vetta del Manaslu con le tracce di Krzysztof Wielicki
e Marco Bianchi.

Marco Bianchi sul Broad Peak, in prossimità del campo III a 7000 metri di quota *(foto C. Kuntner)*.

Krzysztof Wielicki, Christian Kuntner e Marco Bianchi festeggiano al campo base la loro salita del Manaslu *(foto M. Sprutta)*.

Marco Bianchi sulla sella del Broad Peak, a 7800 metri di quota
(foto C. Kuntner).

In arrampicata verso l'anticima del Broad Peak, a 7900 metri
(foto C. Kuntner).

Il Broad Peak 8047 metri,
dal circolo Concordia.

Il Cho Oyu 8201 metri, fotografato durante l'avvicinamento
al campo base.

Krzysztof Wielicki sul tratto iniziale del pilastro dei Polacchi al Cho Oyu.

difficoltà, ma per scalare tutta la parete sud-ovest vogliamo il freddo della notte. Avremo maggiori problemi con l'orientamento, però non saremo minacciati in continuazione dalle scariche di ghiaccio e pietre che, con il sole, spazzano il nostro itinerario. Anche i pericolosissimi seracchi della parte bassa dovrebbero essere meno insidiosi con il gelo notturno.

Quando il sole inizia a tramontare siamo già pronti. Voglio superare il primo tratto del canale ancora con la luce perché ci sono difficili rocce ricoperte di *verglas*. È la terza notte consecutiva trascorsa senza dormire neanche un minuto. Da giorni vivo in uno stato di tensione continua che agisce come un potente anestetico. Uno stress psicofisico così violento da non farmi sentire la stanchezza né altri problemi. Arrampico, traccio la pista nella neve profonda, monto la tenda, cucino. Il corpo è come una macchina senza più orari, ritmi, momenti di sosta.

I ramponi grattano le rocce gelate. Le punte d'acciaio stridono, rompono il vetrato, si arrestano su piccoli appoggi malsicuri. Piano piano ci immergiamo nell'abisso. Superiamo gobbe di ghiaccio vivo, scivoliamo lungo canalini di neve, arrampichiamo affiancati e subito dopo siamo lontani molti metri. Non sono legato con Piotr, sarebbe inutile. Non possiamo fuggire a una parete così grande facendo un tiro di corda dietro l'altro, anche perché il nostro cordino da sei millimetri e lungo dieci metri è, su questo possente appicco, come uno spago per legare i pacchi.

Con l'aiuto delle due piccozze continuiamo a sprofondare nel buio. Facciamo solo brevi pause, pochi attimi per riprendere fiato e per cercare il percorso da seguire. Procediamo sulla parete alla cieca, guidati dall'istinto e dai vaghi ricordi della salita. Sono racchiuso in me stesso in un microuniverso isolato da tutto. Con Piotr esiste un legame invisibile, quasi palpabile, che dà calma e sicurezza ma procediamo autonomamente, senza parlare, senza aspettarci, prigionieri del nostro ritmo, della nostra stanchezza. Una concentrazione totale assorbe ogni energia. Il pensiero, gli occhi, i muscoli, i tendini, tutto il corpo e lo spirito si fondono nelle lame delle piccozze e nelle punte dei ramponi. Attraverso loro penetro il ghiaccio, rimango ancorato alla mia vita, appartengo ancora a questo mondo buio e freddo ma reale. Non posso sbagliare, non posso cadere. Sarebbe la fine della mia esistenza. La grande tensione fa dolere la testa, sento i bulbi oculari come palle infuocate pronte a esplodere. Il cervello è stanco, affaticato, la coscienza vuole fuggire dalla realtà, vuole dormire, guardare altre cose. Ma una forza immensa non molla. Come una morsa invincibile obbliga i sensi a stare sempre concentrati, vigili, pronti a qualsiasi evenienza. Bisogna piantare la piccozza bene, muovere un arto solo quando gli altri sono sicuri. Così per ore, continuamente, senza fermarsi. Scendendo nel buio.

Durante l'ultimo tratto sono vittima di allucinazioni. Sento voci di molte persone e cani abbaiare furiosamente. Quando mi fermo sulle punte dei ramponi per cercare di capire cosa stia succedendo, vedo chiaramente un albero verde e un uccello colorato su un ramo. Sento anche il suo bel canto da usignolo.

Dopo quasi un anno da quella salita, mi trovai in Polonia a casa di Piotr. Per la prima volta avemmo occasione di ricordare quei momenti. Quando gli narrai con dovizia di particolari quanto mi era accaduto in quell'ultima notte sulla montagna, senza scomporsi mi rispose:

«Per me la cosa più preoccupante durante la discesa non erano le difficoltà tecniche o i pericoli causati dai numerosi seracchi, ma il fatto di essere seguito in continuazione da un grosso gatto nero. Inoltre ogni volta che guardavo in alto vedevo sopra di noi un gigantesco drago spiarci standosene appollaiato sulla grande cresta a 7400 metri.»

Verso le due di notte del 7 ottobre siamo alla base della parete sud-ovest. Gli scivoli ghiacciati diventano meno ripidi. Poi, semplicemente, senza crepacci terminali o salti di roccia, arrivo in piano. Per un po' continuo a scalare con la faccia a monte, continuando a piantare piccozze e ramponi fino a quando non rimango quasi sdraiato sulla pancia. Solo allora mi giro. Il ghiacciaio scivola tranquillo nella notte. Stupito osservo la neve sotto i piedi. Volto le spalle alla parete e cammino barcollando qualche metro.

"Adesso non puoi più cadere da nessuna parte. Al massimo batti il sedere."

Ho bisogno di qualche minuto per ritrovare l'equilibrio. Una felice incredulità mi accompagna verso Piotr, fermo in piedi, pochi metri più avanti.

Siamo fuori.

Completamente disidratati cerchiamo l'acqua vicino a grossi blocchi di roccia precipitati dallo Shisha Pangma sul ghiacciaio. Troviamo un rivolo che scorre tra alcune pietre sotto la neve e possiamo finalmente bere.

Ci aspetta ancora la salita della morena laterale sopra la quale avevamo messo la nostra tenda deposito. Quell'ultimo tratto, di circa cento metri, ci richiede un'ora e consuma le ultime energie.

Arrivato alla tenda continuo a sentire delle voci. Sempre più spesso dico a Piotr di andare a vedere se c'è qualcuno. E lui continua a uscire dalla tenda in cerca dei miei fantasmi fino a quando, ormai sfinito, si addormenta nel sacco piuma.

Ancora una volta la luce del mattino illumina i

teli della tenda. Finalmente sono riuscito a dormire tre ore. Ma questo breve riposo non è stato sufficiente a restituirmi energie. Il ritorno al campo base richiede alcune ore lungo un percorso difficile e pericoloso. Dobbiamo seguire il corso del ghiacciaio camminando sopra grossi massi instabili sovrastati da una larga costa detritica dalla quale cadono in continuazione frane e scariche di sassi. Piotr riesce a trovare un facile passaggio lungo il bordo del ghiacciaio e ne raggiungiamo la fronte senza correre rischi eccessivi.

Risaliamo piano le colline moreniche che ci separano dal campo base. Senza più fretta attraverso questi luoghi selvaggi e desolati. Superato un ultimo dosso scorgo, duecento metri più in basso, una verde radura vicino a un lago d'alta quota con le nostre tende colorate. Tranquillo, completamente rilassato e appagato, mi dirigo verso i compagni che si stanno avvicinando.

La Nascita di Nuovi Orizzonti

Scalare determinate montagne o pareti è un'azione irresistibile, un dovere assoluto. Ma a differenza degli obblighi che devo adempiere durante la mia vita nella società civile questo non lo avverto, malgrado anch'esso limiti la mia libertà, come un'insopportabile costrizione.

Alcune bombolette di gas, vecchie buste di plastica per cibi liofilizzati, pile scariche, resti metallici. Da qualche minuto sto camminando sui rifiuti.

Che pattumiera! No, non mi trovo in qualche discarica di una grande città. Alzando lo sguardo posso vedere la meravigliosa e immensa parete nord del Dhaulagiri. Dopo una marcia di avvicinamento attraverso il Nepal e lungo la valle Kali Gandaki, il Dapa Pass e il French Pass, siamo finalmente arrivati al campo base di una delle quattordici montagne più alte della Terra.

Lo spettacolo vicino a noi, però, è tutt'altro che affascinante. Dietro un muro di pietre utilizzato come reparto "cucina", un grosso buco tra le rocce è stato completamente riempito di spazzatura. Posso anche riuscire a leggere le parole sui sacchetti abbandonati. Paesi di mezzo mondo sono rappresentati in questa fossa maleodorante. Dallo stato di conservazione dell'immondizia è possibile anche cercare di risalire all'anno in cui sono state deposte.

«Incredibile, chi mai può aver fatto uno scempio del genere?» Christian Kuntner, sorpreso e disgustato, si aggira lentamente nel luogo dove dobbiamo installare il nostro campo base, a 4700 metri di quota.

Molte volte avevo sentito parlare dell'inquinamento dei campi base degli Ottomila. Nelle mie precedenti spedizioni tuttavia non avevo mai trovato una situazione del genere. Anzi, in due occasioni avevamo messo le tende in luoghi ancora incontaminati che, naturalmente, ci eravamo preoccupati rimanessero tali anche dopo la nostra partenza.

Al Dhaulagiri, purtroppo, la situazione è ben diversa. Tutta la zona del ghiacciaio Mayangdi[1], all'inizio della via classica di salita, è sporca.

Alla fine della spedizione decideremo di utilizzare il petrolio rimasto per bruciare tutto il possibile. Diminuendo il volume delle lattine, che schiacciavamo con un sasso, riusciremo a riportarne a valle un buon numero, ripulendo la morena da quella immondizia che difficilmente il tempo e gli agenti atmosferici sarebbero riusciti a eliminare.

Il risultato finale, nonostante i nostri sforzi, sarebbe stato inferiore alle aspettative. Al momento di lasciare la montagna non avevamo rimosso neppure la metà di quanto trovato.

«Dio Beppo del Trentin!» Una delle classiche imprecazioni di Christian risuona nell'aria così forte da sopraffare la musica del mio walkman. Con un balzo schizzo fuori dalla tenda nella quale mi trovavo in perfetto relax.

Il motivo di tutta questa agitazione è alle nostre spalle. Dietro le tende, infatti, c'è un pendio molto friabile, alto circa cento metri, che è completamente ricoperto di sassi. Ogni tanto qualche roccia si stacca dalle torri di sabbia che sovrastano il pendio, rotola,

[1] Chiamato anche ghiacciaio Chonbardan in alcune carte topografiche nepalesi.

rimbalza, incomincia a trascinare con sé un notevole numero di "fratelli" più piccoli e poi, tutti insieme, piombano sulla nostra collinetta.

Solo un canale largo pochi metri ci separa dal pendio. Quando la frana è sufficientemente violenta sono guai. Con l'esperienza abbiamo imparato a valutarne la pericolosità dal rumore che provoca cadendo. Se si ascolta musica però...

La scorsa notte una sassata ha bucato la tenda del nostro compagno portoghese Joao Garcia. Solo il mattino seguente, quando si è svegliato, si è accorto di quello che era successo.

Il momento più emozionante è comunque l'alba, quando il sole raggiunge le torri di sabbia. Se poi il pendio sottostante è anche ricoperto da un po' di neve fresca lo spettacolo è ancora più "pirotecnico".

Gli alpinisti della spedizione svizzera accampati a cento metri da noi, al sicuro dai sassi, hanno soprannominato il nostro campo base "rolling stones".

Piotr Pustelnik e Jozef Gozdzik hanno preferito sistemarsi nei pressi della tenda cucina, lontano da ogni pericolo ma molto vicino alla pattumiera delle precedenti spedizioni. Per fortuna anche questa volta la scarica che ha causato tutto questo trambusto si arresta nel canale di sicurezza.

In realtà potremmo cercare uno spiazzo più sicuro ma la cima della collinetta è piana e con fondo regolare. Si riesce a dormire splendidamente senza gobbe o buche che costringano a posizioni da fachiri. Inoltre bisognerebbe nuovamente smontare, trasportare e montare tutto.

«In quota si devono risparmiare energie» è stato il commento di Christian quando ha deciso di non spostarsi.

«Già, e qualche corsetta ogni tanto è un buon allenamento», ha aggiunto Piotr dal suo "bidone di immondizia" con un sorriso molto divertito.

Da parte mia non sono semplicemente riuscito a trovare un altro posto. Ho ancorato la tenda a un masso di parecchi quintali che doveva aver superato il nostro canale senza troppi problemi.

«Dove è già caduta una grossa roccia è più difficile che ne arrivi un'altra» ho concluso per tranquillizzarmi. D'ora in avanti, però, quando vorrò ascoltare un po' di musica lo farò guardando verso le torri di sabbia. O sonnecchiando vicino alla pattumiera.

L'unico che non ha tempo di preoccuparsi è Jozef. Per un misterioso motivo che nessuno è riuscito a spiegare, la sua tenda, perfettamente uguale alle nostre, non vuole sapere di rimanere montata come dovrebbe. È stata soprannominata "l'elicottero" per la forma a elica che assume dopo ogni nevicata o quando, al mattino presto, per il freddo, si forma il ghiaccio sul sopratelo. Appena la tenda avverte un po' di peso, inizia a contorcersi nelle posizioni più strane, generalmente avvitandosi su sé stessa e schiacciandosi al suolo. Quando Jozef si è reso conto che tutti i suoi tentativi di puntellamento erano vani, si è rassegnato a dormire dentro quella nuova forma geometrica. Qualcuno di noi gli ha fatto osservare che se riuscisse a far decollare "l'elicottero" potrebbe arrivare in vetta al Dhaulagiri senza troppa fatica.

Il Dhaulagiri, comunque, resta indifferente ai nostri piccoli problemi di vita quotidiana. Dall'alto dei suoi 8167 metri di quota sa di appartenere a un'altra dimensione. Dal mio punto di vista poi è ancora più inavvicinabile. Appena arrivato a Kathmandu infatti, mi sono preso una brutta influenza e per combattere i primi sintomi di una bronchite ho dovuto ricorrere agli antibiotici. Una grande stanchezza mi perseguita da quando ho lasciato la città. Ci sono, è vero, alcune bottiglie di rum che Kumar, il cuoco, ha portato da

Kathmandu e che stanno contribuendo molto velocemente a restituirmi le forze ma, a giudicare dallo sguardo sempre appannato e dall'andatura incerta del nostro *sirdar*, temo che molto presto dovrò ricominciare a bere il tè.

Una seraccata impressionante chiude l'accesso al Colle nord-est. Grandi torri di ghiaccio sono accatastate una sull'altra e con regolarità precipitano rombando avvolte da bianche nuvole di neve polverosa. L'inizio della nostra via non è incoraggiante, sbarrato da una natura fredda e ostile.

Trascorriamo molto tempo a studiare l'itinerario di salita più rapido e sicuro. Con un potente binocolo osserviamo metro per metro i crepacci e gli strapiombanti muri verdazzurri del ghiacciaio. Sappiamo che il passaggio migliore si trova a destra, proprio sotto alla muraglia rocciosa chiamata "Eiger". Guardandola non si ha un'impressione molto rassicurante. Dalla parete, alta quasi mille metri, le scariche di sassi precipitano sopra un ghiacciaio ricoperto di fango e sabbia. Uno stretto e contorto budello serpeggia tra la parete rocciosa e il bordo dei seracchi.

Il 7 settembre facciamo una ricognizione per avere un'idea più chiara del percorso da seguire e scopriamo che l'unica soluzione possibile è proprio il passaggio alla base dell'Eiger. Il nostro programma prevede l'installazione di tre campi: a 5700 metri al Colle nord-est, a 6700 e 7400 metri sulla cresta. Il problema più imminente è però quello di salire i primi mille metri di dislivello fino al colle, trasportando tutto l'equipaggiamento per il campo.

La mattina del 9 settembre grosse stille di sudore mi scendono lungo la fronte e il collo. La bocca è secca, con un sapore cattivo. Vorrei fermarmi, togliere la giacca a vento, levare il casco... ma la paura di essere travolto da una scarica di sassi mi spinge a non rallentare. Sono all'inizio del ripido scivolo che conduce verso la base della parete dell'Eiger. È l'alba. Le prime luci del sole rischiarano un mondo senza vita. Gli spallacci dello zaino comprimono il torace, il respiro è nervoso, a scatti. Continuando ad affondare i ramponi in un disgustoso miscuglio di fango, sabbia e ghiaccio nero, cerco di raggiungere il riparo offerto da una grossa roccia aggettante. Insieme a Christian salgo il più velocemente possibile. Anche Piotr e Jozef sono impegnati in questa corsa disperata.

Con fatica traccio la pista nella neve vergine. La gialla luce del sole fa risplendere i cristalli di neve. Intorno a me brilla un oceano di gemme scintillanti. Avanzo e sono felice.

Ci addentriamo in mezzo ai crepacci, aggiriamo aguzze torri ricoperte di sabbia, scaliamo muri verticali che ci esauriscono completamente dopo solo pochi metri. Spesso, per passare, dobbiamo strisciare tra la parete di roccia e il bordo del ghiacciaio.

Dopo dieci ore raggiungiamo l'ampio plateau a 5700 metri di quota dove, nel 1960, durante la prima ascensione della montagna, era atterrato il famoso aereo Yeti della spedizione svizzera di Max Eiselin. Il pilota, Ernst Saxer, aveva compiuto una manovra capolavoro fermandosi su quest'immenso altopiano di ghiaccio. Nel prosieguo della spedizione però, durante i continui viaggi da Pokara per trasportare i rifornimenti, era precipitato nella vicina Valle Sconosciuta[2]

[2] Valle situata a nord-est del Dhaulagiri che termina con il Dapa Pass e il French Pass. Questi due valichi montuosi vennero utilizzati dalla spedizione francese all'Annapurna nel 1950 per l'esplorazione del versante settentrionale del Dhaulagiri.

tra il Dapa Pass e il French Pass. Nessuno era rimasto ferito ma l'equipaggiamento dovette tornare a salire sulle spalle degli alpinisti.

Una grossa gobba preme proprio nel mezzo delle costole. Una profonda buca mi insacca la schiena. Tutto il fondo della tenda è sconnesso, irregolare e gibboso. Neanche lo avessimo preparato apposta!

«Maledizione, abbiamo speso un'ora per fare questa porcheria» sbotto con insofferenza rigirandomi sull'altro fianco.

Dal vicino sacco piuma nel quale si trova Christian non giunge neanche un lamento. Il suo cappuccio gonfio di piume è ormai già bagnato dall'umidità condensata sui teli. Un viso tumefatto e abulico sporge appena. Gli occhi aperti con lo sguardo fisso nel vuoto, i lineamenti tesi e stanchi e una marcata smorfia di nervosismo indicano, molto chiaramente, lo stato di patimento in cui si trova anche l'amico.

Aspettiamo.

Dobbiamo trascorrere una notte al campo I per migliorare l'acclimatazione. L'inizio è sempre il più difficile. I pensieri corrono verso l'accogliente campo base dove c'è Kumar che ti prepara da mangiare e puoi stare comodamente seduto in una spaziosa tenda. E dove la mancanza d'ossigeno è ancora tollerabile. Dal fondo del materassino il freddo del ghiaccio penetra sempre più nella schiena e nei piedi. Mi è molto difficile sopportare queste notti in alta quota. Per quanto anche scavare la piazzola per la tenda o dover cucinare non sono momenti particolarmente piacevoli.

«La prossima volta porto due *karrimata*[3], così vo-

[3] Nome con il quale gli alpinisti polacchi chiamano i materassini di resina espansa. Deriva dalla ditta "Karrimor" che fu la prima a idearli.

glio vedere se avrò ancora freddo!»

«Questi non vanno bene. Sono troppo sottili» replica Christian anche lui tutto gelato.

L'alba è la fine della sofferenza, il momento in cui ti puoi muovere. Il momento in cui la luce del sole cancella le pene della notte.

Con Piotr e Jozef salgo sulla cresta nord-est fino a 6550 metri per fare un deposito di materiale e nel pomeriggio siamo già al campo base.

Il 16 settembre installiamo il campo II a 6700 metri. Il Dhaulagiri si sta dimostrando benevolo nei nostri confronti e ci ostacola il meno possibile. Forse anche il piccolo Buddha di terracotta, che ho intenzione di lasciare sulla vetta della "Montagna Bianca", sta esercitando la sua influenza sugli dei.

Gli unici problemi sono creati da Joao e Raymond D. Caughron, che non si dimostrano molto disponibili a lavorare.

Per fortuna Christian è in forma smagliante. Anche Piotr e Jozef si confermano un team perfetto. Per Jozef, Christian ha coniato un'immagine molto appropriata che spiega perfettamente la sua caparbietà.

«Se incontri Jozef morto sul ghiacciaio - mi ha detto un giorno al campo I - dagli un calcio nel sedere e vedrai che lui farà ancora cinque metri.»

L'attesa del giorno "da vetta" si ripresenta puntuale anche al Dhaulagiri. Tutto è ormai pronto. I campi "bassi" sono stati installati, l'acclimatazione è a posto. Dobbiamo solo aspettare il breve intervallo di quiete tra la fine dei monsoni e l'arrivo dell'inverno. Solo allora potremo spingerci nella zona della morte.

Non dobbiamo sbagliare, sprecare energie in un tentativo inutile vorrebbe dire bruciarsi l'organismo, perdere la "chance" che la montagna può offrirci.

La vita al campo base trascorre serena e monotona. La mancanza di pericoli e di compiti particolari mi permette di riposare e raggiungere la giusta concentrazione e sintonia con la montagna. Ognuno di noi si dedica alle proprie faccende, al riordino delle tende e dell'equipaggiamento. Chiacchieriamo, mangiamo, giochiamo a carte. Però si avverte la tensione nell'aria. Ogni piccola operazione, ogni singolo gesto, nascondono sotto una calma apparente l'ansia e lo stress. Il pensiero della vetta è costantemente presente nella nostra mente. Giorno dopo giorno cresce la carica nervosa. Si discute la tattica per la cima, si parla della via migliore da seguire.

I componenti delle altre spedizioni non sembrano intenzionati ad aprire la strada verso la cima. Malgrado siano arrivati al campo base prima di noi vogliono aspettare ancora. Con Christian decidiamo di partire appena il tempo si mette al bello. Saremo i primi alpinisti a tentare la scalata. Per noi non è una novità visto che finora è sempre accaduto così. Avremo anche il compito di montare la tenda del campo III a 7400 metri. Piotr, Jozef e Raymond seguiranno a un giorno di distanza e attrezzeranno con le corde fisse la cresta nord-est se le difficoltà tecniche lo richiederanno. I compiti e i ruoli sono quindi ben definiti. Solo Joao non sa cosa fare. Alla fine sceglie di venire con noi. Saremo così due team di tre persone.

Joao, fin dalla spedizione al Cho Oyu, non riesce a integrarsi con il gruppo. Il suo carattere a volte troppo infantile e la mancanza di disponibilità a sacrificarsi sulla montagna gli creano atteggiamenti ostili. Lo accettiamo con noi ma sentiamo che è un errore.

Il 21 settembre già dal primo pomeriggio notiamo i segnali dell'alta pressione e un meraviglioso tramonto rosso-arancio conferma il mutamento delle condizioni meteorologiche. L'atmosfera durante la cena è più elettrica del solito. Christian e io comunichiamo ai compagni la decisione di partire il giorno dopo ancor prima dell'alba per evitare le scariche di sassi dell'Eiger. Andremo al campo I, poi ci sarà il nostro tentativo alla vetta. Piotr è d'accordo. Il suo gruppo salirà a un giorno di distanza.

Ormai sfinito, con l'ultimo residuo di energia, cerco di scavare un piccolo buco nella neve dove potermi riposare senza il pericolo di volar giù dalla montagna. Sono però così stanco da non riuscire a controllare con precisione i movimenti delle braccia e il bastoncino da sci mi cade dalla parete.

«Non me ne frega niente, l'unica cosa che mi importa è poter togliere lo zaino.»

Con movimenti incerti e a scatti faccio piombare nella neve il mio momentaneo "nemico". Questa mattina, quando abbiamo lasciato il campo II, abbiamo stimato il peso dei nostri zaini sui venti chili circa. Un fardello, a 7200 metri di quota, veramente eccessivo.

Avendo formato squadre di tre avevamo dovuto portare tende più grandi (e pesanti) di quelle più adatte a una simile ascensione. Joao, poi, non si era sentito di continuare la scalata e aveva preferito fermarsi al campo II un altro giorno per aspettare la "seconda squadra".

Una sequela di violente imprecazioni rimbomba nel cielo del Dhaulagiri. Da oltre un'ora stiamo cercando di scavare una piazzola sufficientemente grande per la nostra gigantesca tenda. A causa degli zaini troppo pesanti abbiamo rinunciato a salire fino a 7400 metri. Ci siamo fermati sulla cresta e abbiamo deciso di mettere il campo III duecento metri più in basso di quanto stabilito. Purtroppo non c'è spazio e l'unica soluzione è quella di montare la tenda proprio sul filo. Per colmo di sfortuna scavando sotto la neve abbiamo trovato i resti di un vecchio campo che ci impediscono di ottenere un fondo piano. A lavoro ultimato un quarto della nostra mega-tenda sporge nel vuoto. Tutta inclinata da una parte rischia di scivolare lungo la parete nord e all'interno non c'è spazio sufficiente neanche per allungare le gambe.

«Io, in quello schifo non entro» dice Christian con astio.

Da alcuni giorni il cielo è sempre azzurro e, fatto incredibile, non c'è vento. Questa è la nostra occasione, non possiamo tornare al campo base perché difficilmente si presenteranno ancora queste condizioni. Energie per scavare un'altra piazzola non ne abbiamo. Voglia per un secondo tentativo neppure. O tentiamo la cima adesso oppure rischiamo di perdere la possibilità di scalare la montagna. Inoltre, dovendo superare mille metri di dislivello ed essendo i primi alpinisti della stagione a spingersi così in alto, dobbiamo partire di notte per avere più tempo a disposizione in caso di neve profonda o di impreviste difficoltà. E questo significa meno tempo da trascorrere in tenda.

«Non abbiamo alternative, o adesso o per quest'anno è finita» dico sconsolato al mio compagno.

Due alpinisti della spedizione svizzera hanno montato la loro tendina superleggera proprio qualche metro sotto di noi. Anche loro dovevano salire fino al termine della cresta ma, quando ci siamo fermati a 7200, si è deciso di provare tutti insieme da qui. Paul-Victor[4] è preoccupato dal notevole dislivello che ci separa dalla vetta e vuole partire verso le undici di sera.

Quando il sole comincia a tramontare una prima, leggera, innocua raffica di vento proveniente dal Nepal arriva sulla cresta e scuote lievemente la tenda. La

[4] Paul-Victor Amaudruz. Nel settembre 1994 fu il primo alpinista della spedizione svizzera a scalare il Dhaulagiri.

possente mole dell'Annapurna si staglia netta verso est. A sud la pianura nepalese è sgombra di nubi. A nord, verso il Tibet, posso vedere la catena himalayana degradare sempre più, fino a confondersi con l'altopiano tibetano.

«Tempo splendido» osservo sicuro e felice.

Da qualche minuto, però, le raffiche di vento continuano ad aumentare di intensità, fino a quando, improvvisamente, ci rendiamo conto con orrore che sono diventate così forti da compromettere seriamente la stabilità del nostro riparo. Sempre più spesso il vento si insinua sotto il pavimento della tenda rischiando di ribaltarci lungo gli scivoli della parete nord. La cresta nord-est, sulla quale ci troviamo, segna il confine tra il versante orientale e quello settentrionale. Riceve in pieno tutte le correnti d'aria provenienti sia dal Nepal sia dal Tibet, ed è perciò uno dei luoghi più esposti del Dhaulagiri.

«È il vento della sera - mi risponde con finta calma Christian - vedrai che per le dieci smette e a mezzanotte possiamo partire.»

Alle dieci siamo ancora disperatamente aggrappati ai teli per evitare di volar via verso il Tibet.

Intanto un'ora più tardi, fedeli al programma, i due svizzeri escono dal loro riparo e cominciano a salire. Dapprima li sentiamo "ravanare" con la cerniera dell'abside, poi vediamo le luci delle frontali sparire lungo la cresta.

Il freddo è atroce. Partendo adesso dovremmo scalare tutta la notte prima di poter riavere un po' di sole. Il rischio di subire congelamenti è troppo elevato. Decidiamo quindi di rimandare la partenza di un altro po', anche se all'una dovremo uscire in ogni caso altrimenti non avremo abbastanza tempo per salire in cima e ritornare al campo.

Imprecazioni, colpi di tosse, rumori di ramponi

sul ghiaccio. Apro di scatto la "zip" della tenda, una luce mi illumina.

«Ok ?» chiedo preoccupato verso il fascio luminoso.

«*Mon Dieux, c'est terrible, froid, very cold*» sento rispondere. Subito dopo arriva anche Paul-Victor. «Il mio compagno non sta bene - dice in inglese - ha troppo freddo e siamo dovuti tornare.»

«Noi partiamo all'una, se volete venire...» butto lì chiudendo rapidamente la cerniera lampo.

L'una. Il cosiddetto vento della sera è oramai diventato un vento della notte e continua a imperversare senza tregua. Finiamo di prepararci, un sorso di tè, usciamo. Si va.

Anche gli svizzeri, quando hanno sentito che ci stavamo muovendo, mostrano l'intenzione di provare un'altra volta. I primi passi sono terribili, gelo, cristalli di ghiaccio sbattuti violentemente sul viso. Parto davanti, trenta passi e sosta, altri trenta e altra sosta.

«Cambio.» Christian, rapido, inizia a tracciare un solco profondo nella neve fresca.

«Ricorda, a 7500 devi lasciare la cresta e traversare nella parete nord. Solo così puoi farcela, se rimani sulla cresta dopo i 7500 metri sei finito, in vetta non arrivi più.»

Krzysztof Wielicki mi aveva spiegato con calma l'ultimo tratto della montagna. Con una matita aveva segnato con precisione su una fotografia della parete nord del Dhaulagiri il percorso che avremmo dovuto seguire. Eravamo andati a trovarlo in Polonia per fare un po' di festa ma anche per preparare meglio l'imminente spedizione al Dhaulagiri.

«A 7500 devi traversare a destra!» Questa frase continua a martellarmi il cervello.

«Già, non sarà tanto facile capire dove, al buio soprattutto.»

Di guardare l'altimetro che porto appeso al collo non se ne parla nemmeno. Dovrei togliere i guanti, aprire la tuta in piumino... mi congelerei le mani in pochi secondi. Cerco di orientarmi guardando le rocce del filo di cresta. Ieri dal campo II le abbiamo osservate attentamente. Dovrebbe esserci una grande torre proprio intorno ai 7500 metri.

Quando ritengo di essere arrivato al punto giusto provo ad attraversare sulla parete nord. Christian rimane fermo sulla cresta. Non avendo una corda è inutile rischiare in due.

È piena notte, buio pesto, non si vede un accidente, riesco a scorgere solo i contorni delle rocce che si stagliano sulla distesa di neve mentre il vento continua a martellarci implacabile.

Metro dopo metro comincio la traversata. Dapprima il terreno non mi pone particolari problemi poi, gradatamente, tutto si complica. A un certo momento mi trovo su placche quasi verticali. Sotto la neve farinosa avverto la roccia. Tutto è infido, traditore. Provo ancora a salire per un breve tratto poi una paura ancestrale, profonda, mi blocca.

"Pericolo!" Dal mio istinto l'avvertimento arriva al cervello come una frustata. "Pericolo, pericolo!!"

Sotto di me il Dhaulagiri sprofonda nel buio per quasi tre chilometri. Una gigantesca fascia di seracchi, mille metri di parete poi ancora seracchi e altri mille metri. Bloccato nella notte provo lentamente a scendere.

Passo dopo passo riesco a ritornare sul filo di cresta dove aspetta il mio compagno.

«Non va, proviamo più su.» Dobbiamo assolutamente riuscire a trovare il passaggio per traversare sulla parete nord.

«Cambio.» Christian mi supera e riprende a fare la traccia. È molto deciso, non sembra avvertire il vento e il freddo intenso. Ma da come procede mi rendo conto che vuole continuare a scalare sulla cresta.

«Se vogliamo arrivare in vetta dobbiamo assolutamente traversare» gli urlo con il poco fiato rimasto.

Dopo cinquanta metri dal mio precedente tentativo, un'altra rampa di neve sfugge tra le placche verso destra.

"Ora o mai più" penso convinto.

Alla cieca, per la seconda volta, mi avventuro sul sottile strato nevoso.

A poco a poco capisco che ce l'abbiamo fatta. Il momento critico è stato superato. Dopo cento metri arriviamo al primo dei grandi canaloni che scendono dalla cresta sommitale a sinistra della vetta. La neve è sicura, nessun pericolo di valanghe.

La strada verso la cima è aperta.

Christian all'inizio del couloir ripassa subito in testa.

Comincio a sentire un po' troppo l'effetto degli antibiotici. Fegato e milza mi dolgono in continuazione e tutto il "ritmo" del mio organismo è alterato. Da quando abbiamo lasciato la tenda i piedi sono insensibili.

Mi accorgo che le dita si stanno congelando e in continuazione, a ogni passo, cerco di muoverle quanto più possibile per mantenere la circolazione del sangue sempre attiva anche nei capillari. Continuando ad applicare questo massaggio "interno" il congelamento non progredisce e posso ancora mantenere il controllo della situazione.

Quando arriviamo nel mezzo del canalone, a circa 7600 metri, la luce del sole inizia a illuminare la parte alta del Dhaulagiri. Tutto il mondo intorno a noi è ancora immerso nel buio della notte. Solo quassù i primi bagliori rischiarano i pendii della montagna migliorando la nostra situazione. Ora, se non altro, possiamo vedere dove andare.

Lentamente, passo dopo passo, saliamo verso la cima.

Nella realtà del giorno la natura selvaggia mi appare perfino accogliente e sicura.

Ancora una volta ho la sensazione di trovarmi al confine del mondo. I contorni della montagna perdono le loro linee, le loro forme, come se tutto si sciogliesse. Non ha più importanza dove sia la cima, o quale sia la direzione da tenere.

Compio un movimento dopo l'altro cercando di sincronizzare i gesti del mio corpo con il respiro diventato sempre più innaturale e violento. Il mio procedere diviene pesante e stanco. Con scatti nervosi e brevi cerco di percorrere il maggior numero di passi, fino a quando il corpo si arresta nuovamente nella neve fonda, incapace di proseguire ancora.

Salgo avvolto da un cielo quasi nero, denso, nel quale si specchia l'immenso pendio di neve ondulata della parete nord e, lentamente, mi libero da ogni sensazione e desiderio.

Avverto alle mie spalle la sconfinata distesa dell'altopiano tibetano, la sua vastità e desolazione. Mi prosciugo nel deserto di neve del Dhaulagiri e nello stesso momento assorbo nello spirito le nebbie calde e umide delle foreste nepalesi.

Soltanto qualche pensiero logico e pratico che riguarda la tecnica della scalata mi attraversa ogni tanto la mente. Subito dopo lascio che la montagna torni a invadermi.

Paul-Victor segue diligentemente le nostre orme. Il suo amico ha rinunciato una seconda volta per il freddo ed è tornato in tenda. Ieri, salendo al campo III, avevano fatto sempre loro la traccia nella neve fresca risparmiandoci una bella fatica. Oggi è giusto che lo svizzero lasci a noi tutto il lavoro e si prenda una giornata di "riposo".

I cristalli di ghiaccio continuano a vorticare nell'aria. Il vento teso che proviene dalla parete sud crea sulla cima e sulle creste sommitali lunghe fumate bianche. Il cielo è terso, l'umidità proveniente dal Nepal rimane ferma sotto di noi a 6000 metri di quota.

L'alta pressione si mantiene stabile e forte. Almeno per oggi non dovremo preoccuparci del tempo.

Verso est, dietro l'Annapurna, la ghiacciata piramide del Manaslu si erge imponente sulle cime circostanti. Il 28 settembre 1992, da una sua spalla posta a 7000 metri, vidi per la prima volta le moli gigantesche dell'Annapurna e del Dhaulagiri che si stagliavano all'orizzonte nella luce fredda e metallica del primo sole. Le due vette iniziavano a divenire rosso-arancio e le sagome delle montagne circostanti venivano illuminate dal riflesso dei due giganti più alti. Le valli erano ancora immerse nel buio, invisibili allo sguardo.

Quell'apparizione dell'Annapurna e del Dhaulagiri, era stata per me la prima e l'ultima visione che avevo avuto, per due anni, di queste montagne.

Ora, durante questa spedizione, la mia posizione si è invertita. Adesso posso guardare dalla "Montagna Bianca" la nostra via di salita al Manaslu. Con gran facilità riconosco il Nike Col, a 5550 metri, dove avevamo messo il campo I e, immediatamente sopra, il ripido pendio che conduce al Colle nord a 6600 metri, dal quale Wielicki, Christian e io eravamo partiti per la vetta. Tutto il nostro itinerario di salita è perfettamente visibile, compresa la spalla, all'inizio del lungo plateau finale, dalla quale erano precipitati Silvia e Sven.

Rivedendo quella montagna mi sento improvvisamente tornare indietro nel tempo. Riaffiorano prepotenti i ricordi, i volti dei compagni, le speranze, i dubbi e le paure. Sento che il Manaslu fa parte del mio corpo, è penetrato nel sangue e nello spirito. Siamo ormai due entità inscindibili, legati l'uno all'altro. È un'unione potente, primordiale, come se fossimo stati fusi in un unico corpo. Nei due anni trascorsi questo legame non si è affievolito, ha solo accettato di stare in disparte per consentire la nascita di nuove esperienze. Da quel giorno sono tornato in Europa. Ho scalato altre cime. Sono tornato in Himalaya su altre montagne e poi nuovamente a casa. E poi nuovamente in Himalaya. Come un magico pendolo ho continuato a ondeggiare avanti e indietro per il mondo, lungo catene montuose meravigliose e possenti. Alla fine sono tornato. I miei occhi si sono posati per un momento ancora su quella muraglia ghiacciata. E ci siamo incontrati di nuovo.

Ora so.

Un filo invisibile unisce il Manaslu, il Broad Peak, il Cho Oyu, lo Shisha Pangma... e me stesso. Mi unisce con Christian, Piotr e Krzysztof. Nulla potrà spezzarlo, neanche il tempo.

La vetta del Dhaulagiri mi aspetta. Christian sale con me.

Un altro passo.

Siamo fermi, incapaci di prendere una decisione. A 8000 metri di quota una ripida barriera di rocce sbarra l'accesso alla vetta. Proviamo a sinistra, poi a destra. Saliamo in mezzo e poi scendiamo perché quelle che sembravano semplici roccette si sono rivelate alte muraglie strapiombanti. Non riesco a valutare dimensioni e difficoltà. Quello che appare facile è invece difficile. Quello lontano molto vicino. Tutto è diverso, come se avessi un differente tipo di occhi. So che l'alta quota falsa le distanze e le prospettive ma questa è la prima volta che posso rendermi conto così bene di questo strano e impressionante fenomeno.

Dopo un'ora siamo ancora allo stesso punto. Nell'ultimo collegamento radio i compagni sono esplosi in un urlo di gioia pensando che fossimo già arrivati in cima.

«Siamo bloccati, non capiamo dove andare per salire alla vetta» ho risposto deluso e preoccupato.

Decidiamo di proseguire lungo un canalone scartato a un primo esame perché chiuso da pericolose cornici di neve. Adesso, invece, sono contento di proseguire dove prima ritenevo fosse troppo pericoloso. Senza accorgermene ho alzato un po' la soglia di rischio che sono disposto ad accettare. La forza di attrazione della vetta ha operato questo mutamento.

Il grado di pericolo al quale un alpinista si sottopone varia da uomo a uomo e da situazione a situazione. Quello che per uno scalatore è intollerabile in un dato momento può essere invece naturale subito dopo o su una montagna diversa.

Il rischio normalmente rifiutato e considerato eccessivo sulle Alpi è, in Himalaya, la regola e la normalità. Per questo scalare in Himalaya è così pericoloso. Ognuno di noi è molto più disposto ad azzardare per la vetta.

La neve nel canale mi arriva alle ginocchia. Non penso alle valanghe, non mi guardo né a destra né a sinistra. Sono concentrato sulla pendenza sempre maggiore e sulle cornici di neve che stranamente diventano più piccole man mano che mi avvicino.

Molto prima di quanto pensassi arrivo alla fine del couloir. Con la piccozza rompo il ghiaccio della cornice, striscio altri due passi verso l'alto, infiggo i manici d'acciaio degli attrezzi sopra la testa e, facendo leva con tutte le forze, mi ribalto con un salto contratto sulla neve del versante meridionale del Dhaulagiri.

Un sole luminoso mi abbaglia strappandomi all'ombra della parete nord.

Prima ancora di capire dove sono riprendo fiato ansimando come un cane accaldato. Poi guardo subito verso l'alto per vedere se è possibile proseguire. Infatti, quando avevamo imboccato il canalone, Christian, in preda a una nervosa certezza, aveva urlato che salendo da quel lato ci saremmo trovati su una parete staccata dalla vetta. Non riuscivo a comprendere i suoi ragionamenti e perché fosse convinto di una simile prospettiva. Il dubbio mi aveva però tormentato per tutta la lunghezza del canale. In fin dei conti potevo essere benissimo io a giudicare male la nostra situazione.

La cresta sale verso l'alto tranquilla. Non ci sono pareti staccate né altri ostacoli.

«Si va!» urlo felice, rimanendo immediatamente senza fiato.

Christian mi dà subito il cambio. Saliamo su un crinale facile e poco ripido. Non sappiamo dove sia la cima né quanto manchi. Il versante meridionale precipita con un salto nel vuoto. Riesco a vedere solo pochi metri del pendio nevoso e poi più nulla.

Verso sud è ricomparso il Nepal con le grandi foreste sprofondate nella nebbia.

La neve della cresta è bianchissima, il blu del cielo quasi nero. Da quando sono uscito dal canale sento che le forze cominciano a venir meno. Sempre più stanco seguo verso l'alto la traccia di Christian.

«La roccia della vetta del Dhaulagiri è veramente strana. È morbida e spugnosa e i ramponi penetrano come se si camminasse su un tappeto di gomma.» Fausto De Stefani mi aveva raccontato questo curioso episodio parlando della sua scalata alla "Montagna Bianca".

Quando incontro un po' di roccia infiggo le punte dei ramponi per provarne la consistenza, ma non avverto nessuna particolare morbidezza.

"Forse sono troppo stanco per accorgermene" penso un po' deluso. La possibilità di trovare rocce morbide mi incuriosiva moltissimo.

Superiamo facili saltini di neve intervallati da brevi tratti piani. Non penso alla cima, scalo verso l'alto, meccanicamente e ora senza sforzo.

Il salire mi è naturale. Vissuto in anni di alpinismo è diventato un'abitudine. Anche una droga. L'organismo ne ha bisogno per non ammalarsi e soffrire. Come la mente.

La ripetitività dei gesti della scalata si tramuta in un'alienazione dell'animo. Produce un effetto soporifero e piacevole. Una dolce e rilassante spensieratezza invade lo spirito spronandolo a continuare verso l'alto.

Christian ha superato un altro saltino di neve. Si ferma. Resta per un momento immobile poi, di scatto, si gira con le braccia al cielo.

Siamo su.

Da ogni lato la neve precipita in abissi misteriosi. Intorno a noi non c'è niente di più alto, niente che salga o che ci sovrasti. Siamo arrivati alla meta, al luogo per il quale abbiamo lasciato le nostre famiglie compiendo un viaggio lungo diecimila chilometri.

Un po' di neve frastagliata dal vento a 8167 metri di altezza.

L'ultimo pezzo del Dhaulagiri.

Christian è così felice che, dopo un abbraccio, mi tira una tale pacca sulla schiena da mandarmi per qualche minuto completamente in tilt. Boccheggiando vado avanti e indietro barcollando sui pochi metri quadrati della cima.

Un vento inarrestabile continua a flagellarci. Dall'arrivo in vetta mi sono dimenticato di muovere le dita all'interno degli scarponi: non sento più nessun dolore, come se tutto fosse perfettamente a posto. Il freddo sta iniziando a intaccare i tessuti anche in profondità. Quando me ne rendo conto è troppo tardi.

Ho l'impressione di essere senza consistenza, mi sembra di ondeggiare sulla cima senza massa corporea. Sento che i sogni non mi condurranno più su questa neve.

Con lo sguardo esploro l'immensità che mi circonda, vedo luci vive, sfolgoranti, e colori opachi che si perdono nella nebbia dell'orizzonte. Forme con tinte sempre più deboli e incerte sfuggono nella vastità del cielo. Sensazioni indefinite, che non riesco a riconoscere, pervadono il mio spirito come un fumo denso e penetrante.

Il vento e il freddo intenso non ci consentono una sosta molto lunga. Dobbiamo scendere. L'istinto mi avverte che devo perdere quota il più velocemente possibile; è un ordine urlato con violenza che riempie l'animo e il cervello fin dal primo minuto trascorso sulla vetta e al quale non riesco mai a resistere per molto tempo.

Il problema del ritorno è sempre presente nei miei pensieri. Tutto l'itinerario della discesa viene continuamente visualizzato nella mente.

In vetta, prima di scendere, ho deposto un piccolo Buddha di terracotta al quale avevo rivolto la preghiera di lasciarmi tornare al campo base. Lo trovai durante il ritorno dallo Shisha Pangma ed era rimasto per un anno sulla mia scrivania a Milano. Ogni volta che lo guardavo mi sentivo a disagio. Quella piccola statuina di creta mi chiedeva di tornare a casa. Io stesso sapevo che quello non era il suo posto, Milano non era il luogo giusto per quel Buddha trovato sulle pendici di un Ottomila del Tibet. Gli promisi allora che se fossi riuscito a raggiungere la vetta del Dhaulagiri lo avrei lasciato lassù. Molte volte poi al campo base ero stato indeciso se portarlo con me sulla montagna. Era certamente piccolo e leggero ma comunque sempre un peso in più. Alla fine decisi che dovevo mantenere la promessa. Ho anche chiesto al mio piccolo Buddha di poter tornare nuovamente nei grandi e misteriosi territori che circondano la catena himalayana e di poter salire, per molti anni ancora, sulle cime delle più alte montagne del mondo.

«Spedizione internazionale italiana, spedizione internazionale italiana, siamo sulla vetta del Dhaulagiri» e, in quel momento, mentre comunicavo per radio la notizia del nostro successo, seppi di aver mantenuto la promessa agli dei.

La maggior parte degli incidenti su un Ottomila avviene in discesa quando lo sfinimento allenta l'attenzione e si finisce con il commettere errori molte volte banali. Tutti noi lo sappiamo ma, inevitabilmente, al ritorno si è sempre meno concentrati che in salita, e non solo.

Wooaaamm, wiieeaa...: rumori strani, distorti e rimbombanti giungono dalla grande seraccata sospesa a 7500 metri, proprio alla mia sinistra. Stiamo cercando di trovare il passaggio percorso all'alba per uscire dal couloir. È un momento critico, non dobbiamo assolutamente sbagliare, altrimenti ci troveremmo sul salto di rocce che precipita per tremila metri dalla parete nord verso il campo base.

Il plateau non è regolare, la sua superficie è ricamata da moltissime onde di neve modellate dal vento che rendono il procedere difficoltoso e confondono le tracce fatte in salita, ormai quasi completamente cancellate. La tensione è al massimo, dobbiamo assolutamente trovare il passaggio giusto.

Maledizione, che cosa succede?

Distratto improvvisamente da questi strani suoni, cerco di ascoltare con maggior attenzione senza distogliere lo sguardo dai miei scarponi. Voci, parole, suoni irriconoscibili giungono sempre più insistentemente dalla mia sinistra.

È possibile che ci siano persone sopra la seraccata sospesa?

La tentazione di volgere lo sguardo verso sinistra è sempre più forte, ma per farlo dovrei smettere di osservare gli scarponi che sto continuando a mettere nelle tracce fatte da Christian. Potrebbe essere molto pericoloso, uno sbaglio e...

Non è possibile che ci siano delle persone sopra quei seracchi a 7500 metri! Ci risiamo con le solite allucinazioni. Una voce decisa arriva, dal mio interno, al cervello.

"Andate al diavolo maledetti - penso con rabbia - tanto non guardo dalla vostra parte, rischierei di cadere."

Le voci continuano a seguirmi ancora per un po'. Quando finalmente troviamo il passaggio per il canalone smettono all'improvviso.

Il giorno successivo, mentre eravamo al campo base, un alpinista della spedizione svizzera seguì i nostri compagni diretti verso la vetta e, arrivato a 7500 metri, all'altezza della seraccata sospesa, inspiegabilmente si fermò. Non salì più verso la cima ma iniziò a camminare sempre nello stesso punto muovendosi lungo la stessa linea per pochi metri. Per ore continuò avanti e indietro, osservato dai nostri stupefatti compagni che, continuando la salita, potevano vederlo nei momenti di riposo senza tuttavia capire le ragioni di quello strano comportamento. Quando molte ore dopo tornarono dalla cima, l'alpinista svizzero smise di camminare in quel modo e cominciò a seguirli. Precipitò proprio all'inizio di quel canalone a 7500 metri appena sopra il salto di roccia della parete nord. Il suo corpo non è stato più ritrovato.

Al campo base, dopo la cima, sebbene tutto avesse funzionato, non mi sentivo completamente soddisfatto. Avevamo installato i campi con regolarità. Ci eravamo ben acclimatati seguendo una tecnica ormai collaudata. Il tempo post-monsonico non aveva riservato grosse sorprese comportandosi come nel 1992 al Manaslu e nel 1993 al Cho Oyu e allo Shisha Pangma. Il nostro gruppo si era ancora una volta dimostrato all'altezza della situazione. Nessun imprevisto, nessuna incertezza, nessuna incognita.

La cosa che più mi turbava era il fatto di non aver mai avuto alcun dubbio di non farcela. Dipendeva solo dal tempo e dalle nostre condizioni fisiche. Una volta che tutto fosse stato pronto, era esclusivamente una questione di accettare ancora la grande sofferenza di una scalata a 8000 metri di quota. E io sapevo di essere in grado di soffrire quanto serviva. Le possibili cause del fallimento erano solo oggettive, l'aspetto soggettivo giocava un ruolo limitatissimo. Parlando con Piotr e Christian ci rendemmo conto di patire tutti lo stesso "male": avevamo avuto pochi stimoli. Questa spiegazione, riguardando la scalata di un Ottomila, ci sembrò, in un primo momento, assurda e anche un po' presuntuosa. Sapevamo che da un punto di vista pratico tutto era possibile, potevamo morire o fallire per il maltempo o per la troppa neve.

Potevamo soccombere colpiti da un edema cerebrale o polmonare. I rischi erano elevatissimi, ne eravamo consapevoli. La morte dell'alpinista svizzero e, alcuni giorni più tardi, anche di una scalatrice ucraina, avevano tragicamente ribadito l'estremo pericolo che comporta la scalata di questi giganti himalayani. Il problema, però, era un altro. Affrontavamo una situazione conosciuta. Per essere tollerate psicologicamente, le terribili fatiche richieste da una scalata a un Ottomila necessitano anche di motivazioni fortissime. Se mancano, tutta la spedizione si trasforma esclusivamente in un viaggio della sofferenza. Sul Cho Oyu avevamo aperto una nuova variante. Sullo Shisha Pangma avevamo affrontato la salita in stile alpino, cosa che mai in precedenza avevo fatto. In entrambe le situazioni fui posto di fronte a incognite che dipendevano da me. Sul Dhaulagiri la fase alpinistica era una ripetizione. Ma, forse proprio per questi motivi, segnò la nascita di nuovi orizzonti, dandoci la consapevolezza di poter rivolgere i pensieri verso mete più ambiziose. Si era trattato di una spedizione progettata e realizzata in funzione dell'Everest, una sorta di esame generale per verificare la nostra preparazione alla più alta montagna del mondo. Tutto era andato secondo i nostri programmi. Il primo stadio di un'evoluzione era terminato. Era tempo di addentrarci in un'altra dimensione.

Dopo aver smontato il campo base, ritornammo verso la valle Kali Gandaki ripercorrendo il French Pass e il Dapa Pass. Quando giungemmo sul primo dei due passi, ad una quota di 5400 metri circa, potemmo vedere il Dhaulagiri in tutta la sua grandiosità. Iniziammo a osservare la montagna appena scalata che ci era costata più di un mese di fatiche, delusioni e speranze.

Piotr si incamminò lentamente in direzione di un piccolo *chorten*[5] costruito con alcuni sassi proprio sul

[5] Letteralmente "ricettacolo per le offerte". Forma di reliquario molto diffuso nelle aree di influenza tibetana del Nepal.

passo. Arrivatogli vicino si inginocchiò in direzione del Dhaulagiri e cominciò a pregare.

La montagna si ergeva tranquilla e maestosa avvolta da un cielo blu scuro, il bianco dei suoi ghiacci risplendeva sotto i raggi del sole in un fulgore abbacinante, puro. Restammo in piedi, in silenzio, pervasi da una calma assoluta, preda di una estatica sensazione di pace universale.

Trascorse molto tempo, forse anche mezz'ora, prima che qualcuno di noi si riavesse da questo nirvana collettivo. Piotr ritornò sui suoi passi e, quando mi raggiunse, con sguardo commosso si scusò per aver pregato da solo. Ci abbracciammo. Ripetemmo lo stesso gesto con Christian e Jozef. Sentivamo quell'atto di amicizia come una necessità irrinunciabile, una muta espressione della nostra reciproca gratitudine per le settimane vissute insieme nella natura selvaggia del Nepal e della "Montagna Bianca".

Mi resi definitivamente conto che gli obbiettivi alpinistici avevano un'importanza relativa. Tutte le motivazioni che mi spingevano a scalare una montagna sarebbero state solo un arido mucchietto di polvere senza l'amicizia e l'affetto dei miei compagni.

Everest, il Drago È Morto

Vorrei poter rimanere eternamente sulla cima più alta, trasformarmi in un'entità astratta, non vedere né sentire più niente e ascoltare il suono di me stesso.

Fin da quando, all'età di otto anni, avevo iniziato a frequentare con mio padre la montagna percorrendo i numerosi sentieri delle Dolomiti e cominciando a salire le prime facili cime, sapevo dell'esistenza di altre montagne ancora più grandi. Nella mia fantasia di bambino immaginavo le vette ghiacciate delle Alpi come qualche cosa di terribile e impossibile. Un buon contributo alla creazione di questi scenari paurosi mi era stato fornito dalle fotografie in bianco e nero riportate nei libri di alpinismo e dai racconti fatti dagli stessi alpinisti. Ero terrorizzato, pensavo che mai e poi mai sarei stato in grado di affrontare quei giganti di roccia e ghiaccio. Il Monte Bianco, il Cervino o l'Eiger, rimasero impressi nel mio animo come avventure dal sapore fantastico.

Mio padre, appassionato escursionista, aveva due amici noti nel nostro mondo di amanti delle passeggiate per aver fatto delle scalate "in libera"[1]. Alla fine degli anni Sessanta, utilizzavamo questa definizione semplicemente per dire che si andava a scalare

[1] Per arrampicata libera si intende la progressione in parete effettuata con i soli mezzi naturali in possesso dell'uomo. I mezzi artificiali come chiodi, nut o friend, sono consentiti unicamente per l'assicurazione.

pareti dove non c'erano vie ferrate. Il Mario aveva salito alcune vie di terzo e quarto grado e il Tito aveva fatto anche il quinto! Li consideravo come marziani, semidei in grado di dominare il mondo.

Le pareti verticali e strapiombanti delle Dolomiti e i grandi scivoli ghiacciati delle Nord delle Alpi scatenavano in me un misto di terrore, repulsione e desiderio. Ma soprattutto una sconfinata ammirazione per quegli esseri umani in grado di affrontarle.

Per quanto riguardava l'Himalaya, invece, non riuscivo bene a capire cosa fosse. Una "cosa" così grande da appartenere a un'altra galassia. La mia immaginazione non era abbastanza sviluppata per concepire questa favolosa catena di montagne svettante addirittura sopra gli 8000 metri di quota. Forse, pensavo, dalla loro cima si poteva toccare la Luna e magari si vedeva la Terra come dal razzo Apollo.

Quando il mattino del 13 maggio 1995, alle ore 11.45, raggiunsi la vetta dell'Everest senza bombole d'ossigeno e senza aver utilizzato portatori d'alta quota, uccisi il drago dei miei sogni. Avevo realizzato l'utopia. L'illusione della mia vita era, incredibilmente, diventata realtà. Il primo a non capire bene cosa fosse successo fui proprio io. Non riuscivo a rendermi conto di aver effettivamente scalato il monte più alto della Terra, di aver realizzato il sogno di ogni alpinista. Per tutta la vita l'avevo considerata come una montagna della fantascienza. Non era possibile che si potesse salire al pari delle altre. Mi ritornava in mente il titolo di un capitolo di un libro: "Proprio in cima non arrivi mai". Lo aveva scritto l'alpinista tedesco Reinhard Karl a proposito della sua salita all'Everest del 1978[2].

Quando fui per la prima volta in vetta al Monte

[2] *Montagna vissuta: tempo per respirare*, Dall'Oglio Editore, 1982.

Bianco e ad altre importanti vette alpine, la gioia di avercela fatta aveva, nei suoi risvolti più reconditi e nascosti, anche un velo amaro e triste. Come se avveratosi il sogno di una salita particolarmente bella o difficile, la scalata perdesse all'improvviso tutto il suo fascino. L'ignoto, il mistero che prima avvolgeva l'avventura desiderata, era ormai conosciuto. C'era sì la soddisfazione di aver concepito, programmato e realizzato un'idea, ma ormai, proprio perché sapevo di esserne capace, rivolgevo automaticamente i miei pensieri verso nuove mete.

Avevo bisogno dell'incertezza derivante dal non sapere. Forse per questo motivo in passato avevo imposto un limite alla mia attività alpinistica.

Da ragazzo per molti anni trascorsi le vacanze con la mia famiglia a Selva di Val Gardena. Dalla finestra dell'appartamento potevo guardare il bellissimo Sassolungo. Scalarlo era diventata quasi un'ossessione. Per le sue forme ardite e slanciate quella montagna era assurta a simbolo dell'impossibile. Cercavo di immaginare come fosse fatta la vetta, di figurarmi il panorama e cosa si dovesse provare nel vedere, dalla sua cima, la nostra casa in fondo al paese. Trascorrevo intere giornate a osservare il punto più alto del Sassolungo, non riuscivo a distogliere lo sguardo da quelle rocce. Le mie capacità alpinistiche non mi permettevano di effettuare la ripida e complicata salita lungo la via normale. Anche mio padre non aveva la necessaria esperienza per condurmi su quell'itinerario. Mi ripromisi così di effettuarne l'ascensione appena ne fossi stato all'altezza. Stranamente più gli anni passavano, più montagne salivo, meno pensavo al Sassolungo. Ero come trattenuto, bloccato. In nessun momento o in nessuna occasione i miei pensieri o i miei programmi mi conducevano su quella vetta. Eravamo diventati come i poli omonimi di una calamita. Una forza misteriosa ci respingeva e non riuscivamo a incontrarci. Un giorno mi resi conto che mai avrei scalato quelle rocce, mai avrei guardato la Val Gardena dalla sua cima. Salendo su quella montagna avrei polverizzato i sogni e le speranze di anni. Preferii non scambiare l'immaginario con pochi minuti trascorsi su rocce simili a molte altre incontrate nella mia carriera di alpinista. Volli conservare nell'animo solamente il desiderio di un ragazzino di dieci anni.

Ma le Alpi e perfino l'Aconcagua, la più alta vetta delle Americhe, per quanto fossero montagne difficili o desiderate, non le sentivo appartenere al mondo dell'irrealtà. L'Himalaya e gli Ottomila invece sì.

La prima volta che vidi un Ottomila rimasi senza fiato. A bordo di un aeroplano ci stavamo dirigendo verso Skardu per iniziare l'avvicinamento al Gasherbrum I quando, all'improvviso, dall'oblò apparve la gigantesca mole del Nanga Parbat. Il pilota ne annunciò la comparsa precisando che stavamo volando a una quota di 8000 metri. Mai prima di allora avevo avuto modo di osservare qualche cosa di tanto colossale. Il Nanga Parbat con i suoi versanti di Diamir e Rakiot alti 4000 metri, emergeva con un'unica, meravigliosa muraglia di ghiaccio sopra un mare di nubi. La vetta si stagliava magnifica nel blu del cielo, alla nostra stessa altezza. La cosa che mi impressionò maggiormente fu la vastità e complessità di questa montagna. Era grande come un'intera catena. Cime, canali, pareti, creste, tutte fuse in un unico, ciclopico, blocco compatto.

In montagna bisogna mangiare, dormire e camminare.
Motto di mio padre.

Con emozione soppeso lo zainetto portadocumenti nel quale ho anche i biglietti aerei, i visti per la

Cina e, soprattutto, il permesso di scalata. La partenza è prevista per il giorno successivo. Destinazione monte Everest, versante tibetano.

Da quasi due anni stiamo preparando questa spedizione. Fin da quel pomeriggio di bufera al campo base del Cho Oyu quando, tra i vari discorsi fatti per passare il tempo e ingannare il freddo, qualcuno propose l'idea "Everest". Da quel momento il pensiero di scalare la più alta montagna della Terra iniziò a germogliare nella mente di tutto il gruppo.

Piotr Pustelnik, Jozef Gozdzik e Zbignew Terlikowski costituivano la squadra polacca. Si sarebbe aggiunto anche il dottor Marek Rozniecki, urologo dell'ospedale di Lodz, incaricato di vegliare sulla spedizione. Era la prima volta che andavo in Himalaya con un medico che ci avrebbe seguito per tutta la spedizione. Il merito di essere riuscito a trovare un dottore disposto a un simile viaggio pagandosi anche tutte le spese, era stato di Piotr. Marek si rivelò immediatamente una persona straordinaria. Durante la spedizione si prodigò per tutti mettendo anche in pericolo la propria salute per curare quella degli altri. Entrò subito nella nostra squadra accettato all'unanimità. Avevamo trovato un nuovo compagno.

Il team italiano era, come sempre, formato da Christian Kuntner e da me. Dopo le salite compiute insieme al Manaslu, al Broad Peak e al Dhaulagiri, Christian e io non solo avevamo maturato un affiatamento pressoché perfetto, ma eravamo diventati amici. Sapevamo tutto l'uno dell'altro, riuscivamo ormai a capirci anche senza bisogno di parlare e, elemento fondamentale per una scalata a un Ottomila, eravamo reciprocamente in grado di prevedere in anticipo ogni nostro comportamento. Christian era nato in montagna e lì aveva sempre vissuto. Altoatesino purosangue, era l'incarnazione perfetta del montanaro. Per quale strano scherzo del destino un figlio dei monti di madrelingua tedesca e un "bauscia" milanese si trovassero così bene sulle montagne dell'Himalaya era un bel mistero.

L'Everest non poteva essere considerato come le altre montagne. Frank Smythe, uno dei pionieri inglesi che nel 1933 ne aveva tentato la prima ascensione dal versante tibetano, aveva raggiunto, senza ossigeno, la strabiliante quota di 8600 metri. Al ritorno si era così espresso: «... l'Everest ha dimostrato di potersi difendere non solo con l'altezza e il maltempo, ma anche con difficoltà tecniche. Non permette alcun errore; si difende con tutti i mezzi di cui dispone, e le sue armi sono terribili; mette a dura prova sia il corpo che lo spirito. Quelli che si impegnano nei suoi ultimi 300 metri, sfiorano i limiti fisici del mondo».

La catena himalayana è il più grande sistema montuoso della Terra. Lunga 2400 chilometri e larga mediamente 200, si estende in direzione est-ovest descrivendo un arco attraverso l'India, il Nepal, il Pakistan a sud e la Cina a nord, con le regioni autonome del Sinkiang e del Tibet. Risulta quindi essere una colossale barriera situata tra le calde pianure indiane e nepalesi da una parte e il freddo e desolato altipiano tibetano dall'altro. I venti monsonici, dopo aver attraversato il subcontinente indiano, si schiantano contro la barriera himalayana determinandone il clima. L'Everest si erge all'estremità settentrionale del Nepal, al confine con il Tibet, nascosto in parte da titaniche montagne come il Lhotse e il Makalu. Tom Longstaff, un altro dei pionieri inglesi, membro della spedizione del 1922, comprese ben presto una delle più importanti caratteristiche della più alta montagna del mondo, legata proprio alla sua posizione geografica. Longstaff, infatti, scrisse: «... In quel punto, l'Himalaya è troppo stretto nella direzione nord-sud; l'Everest è troppo vicino alle pianure. Il monsone con tutta la sua forza si scontra troppo brutalmente con il clima totalmente differente degli altipiani tibetani; diecimila diavoli lottano incessantemente tra loro, lassù...».

La cima raggiunge gli 8848[3] metri di quota ed è quindi più vicina ai 9000 metri che agli 8000. Questo fatto comportava una serie di problemi legati all'altitudine da affrontare con la massima cura e preparazione se si voleva avere qualche probabilità di successo. Come sempre era avvenuto in precedenza, sia Christian che io volevamo compiere la scalata senza ossigeno "artificiale" e senza portatori d'alta quota. Lo stile per noi era molto importante. Gli esseri umani erano riusciti, grazie alla tecnologia, ad andare perfino sulla Luna. Con la tecnologia anche la scalata dell'Everest non rappresentava più un grande problema. Noi non volevamo conquistare la montagna, non ci interessava arrivare in vetta a ogni costo, come invece è intenzione di tutti quelli che utilizzano bombole e portatori. Eliminare con l'ossigeno gli effetti della quota, la principale difficoltà della più alta montagna della Terra, non solo era sleale, ma anche stupido. Questo mio atteggiamento molto spesso non veniva capito dagli amici non alpinisti. Per loro il "come" non faceva nessuna differenza. L'unica cosa importante era andare in vetta. Per me invece lo stile era tutto. Non sarei mai neppure partito da Milano se avessi solo pensato di usare l'ossigeno e i portatori d'alta quota. La scalata dell'Everest non era né una sfida con la montagna né una sfida con me stesso, ma costituiva soltanto una curiosità. La curiosità di ad-

[3] 8846 metri, secondo le ultime misurazioni effettuate nel 1992 anche se queste lievi differenze di quota possono essere determinate da un differente livello della neve presente sulla vetta.

dentrarmi in un universo unico e affascinante in perfetta armonia con la natura, senza barare.

Per questi motivi la fase di acclimatazione era un problema di vitale importanza. Non potevamo commettere errori. Per molto tempo, rifacendomi anche alle mie passate esperienze, cercai di individuare la tecnica migliore. Lessi anche attentamente come aveva fatto Reinhold Messner nel 1980 durante la sua scalata solitaria. La grande bravura ed esperienza dell'alpinista altoatesino avrebbe potuto essere utile anche a noi se sapevamo analizzare e capire il "suo" Everest. Conclusi che non sarebbe servito a nulla arrampicarsi e scendere molte volte dalla montagna. Anche trascorrere alcune notti attorno ai 7500/8000 metri, sarebbe stato più un danno che un vantaggio perché avrebbe logorato troppo il nostro organismo. La quota della nostra base avanzata, posta a circa 6300 metri, era invece ideale per consentire, dopo un certo periodo di permanenza, un acclimatamento ottimale. Discussi a lungo insieme a Christian la tattica più adatta e, alla fine, concludemmo che la cosa migliore era proprio acclimatarci in prevalenza alla base avanzata. Era una teoria rischiosa da adottare in quanto contrastava con il comportamento di tanti altri alpinisti. Sulla carta sembrava essere una buona idea, ma in realtà? Avrebbe funzionato davvero o dimostrandosi sbagliata ci sarebbe costata la vetta? Eravamo in ogni caso ben decisi a provare sul campo l'efficacia delle nostre idee.

Un altro problema da risolvere era rappresentato dalla stagione. Tutti noi, fino a quel momento, avevamo affrontato la scalata degli Ottomila himalayani durante il periodo post-monsonico, cioè durante l'autunno, nei mesi di settembre e ottobre. Ma, in quell'epoca, saremmo incappati in uno degli ostacoli più ardui da superare: il micidiale vento che soffia dall'altipiano tibetano in direzione nord-ovest/sud-est. Numerose spedizioni avevano fallito proprio a causa di questo vento che poteva superare i duecento chilometri orari creando sulla vetta "fumate" di neve lunghe molti chilometri. Si trattava di un dato di fatto: in autunno soffiava più forte rispetto alla primavera. Inoltre, andando verso l'inverno, con il trascorrere dei giorni il freddo sarebbe diventato sempre più intenso. Non conoscevo l'Himalaya durante la primavera. Il periodo pre-monsonico costituiva perciò una grande incognita, ma ritenni fosse più adatto a una montagna come l'Everest: speravo ci garantisse condizioni meteorologiche e climatiche migliori. Richiesi un permesso per la primavera 1995.

Questa decisione comportava però il problema che tra la spedizione al Dhaulagiri e quella all'Everest sarebbero trascorsi solo cinque mesi. Pochi per riuscire a reperire, tramite gli sponsor, i soldi sufficienti a coprire le spese. Ci gettammo disperatamente alla ricerca dei fondi necessari. Fu un'impresa difficile quanto scalare la montagna e, in quella occasione, riuscii in un colpo di mano probabilmente "storico". Lavorando all'organizzazione avevo speso tempo e anche un po' di denaro, così, quando sia Christian che io non riuscimmo a recuperare tutta la somma necessaria, mi feci coraggio e proposi a Piotr, nella sua veste di rappresentante della squadra polacca, di coprire il nostro disavanzo. Da gran signori tutti gli amici accettarono senza battere ciglio e, forse per la prima volta nelle lunghe vicissitudini dell'alpinismo himalayano, gli alpinisti polacchi pagarono anche per quelli occidentali. Nella nostra spedizione il capitalismo veniva dall'Est.

L'Everest ha l'aspetto di una gigantesca piramide formata da tre imponenti pareti collegate tra loro da altrettante imponenti creste. Non corrisponde all'immagine stereotipata che si può avere di una montagna himalayana vista come cima perennemente ricoperta dai ghiacci. La sua struttura è infatti prevalentemente rocciosa. Difficilmente la neve, tranne che sul versante orientale, riesce a depositarsi per molto tempo, perché viene spazzata continuamente dalle famigerate bufere provenienti dal Tibet. In senso orizzontale l'Everest è attraversato da larghe fasce rocciose formate da diversi strati sedimentari. La più famosa di queste zone è la cosiddetta "Fascia Gialla", facilmente visibile da nord, situata a circa 8350 metri di quota e costituita in prevalenza da roccia calcarea.

Principali creste e pareti dell'Everest.

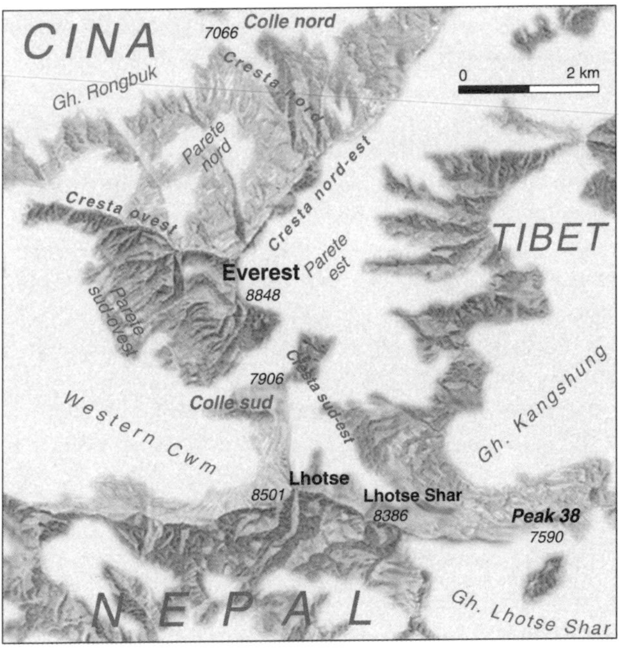

I tre versanti della montagna sono sostanzialmente uno diverso dall'altro. Quello settentrionale, che ha un aspetto triangolare solido ma slanciato, è in prevalenza roccioso e articolato, inciso da due profondi canaloni ghiacciati, il couloir Norton e il couloir Hornbein. Dalla vetta una grande cresta lunga quasi cinque chilometri scende verso nord-est fino a un colle chiamato Rapiu-La, posto a 6500 metri di quota. La cresta nord-est separa così la parete nord da quella orientale: la misteriosa parete Kangshung.

A circa 8400 metri, da una spalla della cresta nord-est, in direzione nord, un'altra cresta scende verso il ghiacciaio principale di Rongbuk dividendolo da quello orientale e formando il Colle nord (Chang-La secondo la denominazione adottata dai cinesi).

È la cresta nord, che collega l'Everest al Changtse (Cima a Nord[4], 7554 metri di quota), attraverso la quale si svolsero i primi tentativi di salita delle spedizioni inglesi.

A occidente, invece, la cresta ovest separa la parete nord da quella sud-occidentale scendendo per quasi cinque chilometri fino al Lho-La, colle posto a 6000 metri. Non è una cresta dalla pendenza continua. Adagiata nella parte inferiore si impenna verticalmente nel tratto centrale per poi tornare ad assumere un'inclinazione più moderata verso la cima.

Verso sud-est, invece, si protende una larga e poco marcata cresta in prevalenza nevosa che scende fino al colle sud a circa 8000 metri di quota. Questa via è quella seguita da Hillary e Tenzing durante la pri-

[4] L'Everest è riuscito a influenzare fortemente i nomi delle montagne che lo circondano. Così, per esempio, il nome *Lhotse* significa "Cima a sud", il *Lhotse Shar* "Cima a est della Cima a sud", il *Nuptse* "Cima a ovest" e il *Changtse*, appunto, "Cima a nord". Tutti i punti cardinali sono, ovviamente, riferiti all'Everest.

ma ascensione effettuata nel 1953 ed è diventata oggi la "normale" della montagna. La cresta sud-est separa la parete est (versante Kangshung) dalla parete sud-ovest.

Queste due pareti hanno una struttura notevolmente differente tra loro. Il versante est è il grande muro di ghiaccio dell'Everest. Trovandosi sottovento rispetto alle fortissime bufere provenienti da nord-ovest, riceve tutta la neve soffiata via dalla parete nord e dalla parete sud-ovest. Alla base della parete Kangshung cinque immani pilastri di roccia alti più di mille metri sostengono il vasto scivolo ghiacciato costellato di seracchi che viene chiuso, sotto la vetta, dalle creste nord-est e sud-est. La parete Kangshung è semplicemente colossale!

L'ultima delle tre pareti dell'Everest è la parete sud-ovest. Imponente, solida e un po' tozza si erge maestosa sopra il Western Cwm[5] e il ghiacciaio ovest generato da Everest, Lhotse e Nuptse. Il ghiacciaio ovest, chiamato anche ghiacciaio del Khumbu, termina nella famosa Ice Fall, pericolosissimo muro di seracchi che gli alpinisti devono superare all'inizio della scalata delle vie classiche dei due Ottomila. La parete sud-ovest presenta un lungo scivolo di ghiaccio situato appena sopra al Cwm e interrotto alla fine da una alta parete rocciosa. La parte centrale di quest'ultima sezione della montagna è caratterizzata dalla cosiddetta "Fascia Rocciosa". È un salto verticale costituito dalla stessa roccia della "Fascia Gialla" della parete nord e considerato il più importante problema tecnico della parete. Impegnò allo stremo gli alpinisti della spedizione di Chris Bonington durante la prima salita del 1975. Il confine tra Tibet e Nepal corre lungo le creste ovest e sud-est. Il versante meridionale risulta

[5] Conca glaciale d'alta quota.

quindi essere l'unica porzione dell'Everest in territorio nepalese.

Negli anni Venti le prime spedizioni dirette alla più alta montagna della Terra, dovettero essere effettuate dal Tibet perché il regno indipendente del Nepal aveva, a quei tempi, chiuso le sue frontiere agli stranieri [6]. Il versante settentrionale dell'Everest fu quindi il primo a essere esplorato e, a iniziare dal 1921, il primo sul quale si impegnarono gli alpinisti. I loro racconti mi avevano sempre sbalordito. La narrazione dei loro sforzi titanici apparteneva alla storia e alla leggenda dell'alpinismo. Soprattutto la tragica e misteriosa scomparsa di Mallory e Irvine, avvenuta nel 1924 sulla cresta nord-est, probabilmente nei pressi del primo risalto a una quota di circa 8400 metri, costituiva uno dei più affascinanti enigmi riguardanti la montagna. Erano scomparsi senza aver raggiunto la vetta oppure erano riusciti a calpestare, primi esseri umani, il tetto del mondo?[7] È un dubbio inquietante

[6] Il Nepal, infatti, aprì le sue frontiere soltanto nel 1949 per cercare di limitare le possibilità di una invasione cinese.

[7] Mallory e Irvine furono visti per l'ultima volta dal loro compagno di spedizione Neil Odell che li stava osservando dal campo VI posto sulla cresta nord a una quota di 8170 metri. Odell riuscì a intravedere solo per pochi attimi i due alpinisti che procedevano lungo la cresta nord-est. La nebbia subito dopo ricoprì la montagna. Dove si trovavano? La loro posizione è ancora oggi controversa perché lo stesso Odell non fu in grado di stabilirlo con precisione. Si pensa fossero vicini al primo risalto ma le possibili alternative sono molte. Nel 1933 l'alpinista Wyn-Harris trovò a 250 metri dal primo risalto, su delle placche a venti metri dal filo di cresta, una piccozza. Poteva essere solo di Mallory o Irvine. Cosa era successo? I corpi dei due alpinisti inglesi non sono stati più trovati perché, con ogni probabilità, precipitarono sul versante Kangshung. La loro scomparsa sembra destinata a rimanere per sempre un mistero. Dalle conoscenze in nostro possesso comunque, è molto improbabile che abbiano raggiunto la vetta.

che deve aver tormentato non poco sir Edmund Hillary, durante e dopo la prima ascensione della cima avvenuta il 31 maggio del 1953.

Quando si trattò di decidere per quale versante affrontare l'Everest, non avemmo in realtà molta scelta. Il governo nepalese concedeva sì l'autorizzazione alla scalata, ma il costo del permesso raggiungeva l'allucinante, astronomica cifra di 50.000 dollari, pari a circa 85.000.000 di lire. Solo il costo del permesso era al di fuori delle nostre possibilità economiche. Fu quindi giocoforza rivolgerci al versante tibetano. Il governo cinese pretendeva una cifra più "modesta": 5.500 dollari. Il nostro progetto venne a costare 40.000 dollari per sei persone. Sicuramente un buon prezzo per il monte Everest. Sulla modesta entità della cifra influiva anche il fatto di non utilizzare portatori d'alta quota né bombole d'ossigeno. Due voci, queste ultime, che hanno un notevole peso sui bilanci di una spedizione. Eravamo sicuramente l'équipe più economica fra tutte quelle presenti all'Everest nella primavera del 1995.

Avevo così avuto la fortuna di raggiungere due obbiettivi. Innanzi tutto di vedere la parete nord, il ghiacciaio di Rongbuk e gli altri luoghi famosi descritti dalle spedizioni dell'anteguerra e, in secondo luogo, di essere riuscito ad ottenere costi accettabili. Potevamo finalmente incamminarci sulle tracce di Mallory e Irvine.

Il tranquillo rumore dei motori dell'aeroplano mi è ormai familiare. Negli ultimi anni la mia vita si è divisa tra Milano e l'Himalaya. È un'esistenza un po' matta e per certi aspetti sregolata, sicuramente diversa da quella della maggior parte degli altri uomini ma, comunque, anche se mi è costata molti sacrifici e rinunce, non la cambierei con quella di nessun altro.

I miei traguardi si erano succeduti a una velocità incredibile. Era accaduto tutto così rapidamente che non riuscivo a rendermi conto se fossi ancora padrone della mia vita. Dal punto di vista alpinistico c'era stato uno stravolgimento totale. Avevo salito cinque Ottomila in soli tre anni e adesso andavo all'Everest.

Durante il volo dall'Europa all'Asia verso la più alta montagna del mondo cercai, come in un film, di ripercorrere con il pensiero i momenti nei quali avevo visto tutti i quattordici Ottomila della Terra. Il primo, osservato dall'aereo diretto a Skardu, era stato il Nanga Parbat, impressionante nella sua maestosa struttura. Poi, risalendo il ghiacciaio Baltoro, fu la volta della piramide sommitale del K2, intravista sopra le nubi durante il tragitto tra Payu e Liligo. Il giorno successivo era comparso il Broad Peak che chiudeva, come una barriera insuperabile, il circolo Concordia. Da Concordia, inoltre, potei vedere meglio anche il K2 con la via storica dello sperone Abruzzi e la maestosa parete sud.

Il Gasherbrum I e il Gasherbrum II apparvero solo all'ultimo giorno d'avvicinamento, mentre stavo camminando lungo il ghiacciaio Duca degli Abruzzi. Poi, alcuni mesi più tardi, scorsi dal villaggio nepalese di Sama il Manaslu. All'alba del 28 settembre, mentre mi accingevo a scalare il mio primo Ottomila, ebbi la fortuna di contemplare, grazie a un cielo particolarmente limpido, anche il Dhaulagiri e l'Annapurna.

L'anno successivo; il 1993, rimirai a lungo il tozzo massiccio del Cho Oyu dal paese tibetano di Tingri e, subito dopo, riuscii a vedere un po' più a est anche il cono sommitale della vetta dell'Everest. Fu il primo incontro con il grande sogno della mia vita. Rimasi stupefatto, incredulo, di fronte alle immagini che i miei occhi stavano trasmettendo al cervello. Stavo guardando l'assoluto.

Lo Shisha Pangma comparve all'improvviso tra le nebbie della bufera mentre attrezzavo con Krzysztof la prima torre del pilastro dei Polacchi sul Cho Oyu. Mi diede l'impressione di un magnifico gigante solitario, completamente corazzato di ghiaccio, che se ne stava timidamente in disparte, isolato dalle altre montagne. Il 6 ottobre, dalla sua cima, distinsi chiaramente anche il Lhotse e il Makalu, mentre il Kangchenjunga, l'Ottomila più orientale di tutta la catena himalayana, rimaneva appena visibile lungo l'orizzonte. Per averne una visione più chiara avrei dovuto aspettare il 1995 quando arrivai sulla vetta dell'Everest.

Adesso stavamo nuovamente tornando a Kathmandu. La capitale nepalese era una seconda casa. Ormai nelle sue viuzze, nella confusione, nel traffico caotico e puzzolente, mi trovavo completamente a mio agio. Conoscevo i ristoranti, gli alberghi, i piccoli negozi degli sherpa dove era più conveniente comprare il materiale alpinistico o dove si potevano cambiare i dollari a condizioni migliori. Avevo amici nelle agenzie di trekking, conoscenti negli uffici del Ministero del Turismo e nelle compagnie aeree. Incontravo nuovamente i colleghi alpinisti che, come me, ogni anno ritornavano in Himalaya. Neanche a Milano ero inserito così bene.

«Non si può certo dire che ce la prendiamo comoda» dichiara Christian senza distogliere lo sguardo dall'oblò dell'aereo che ci sta portando in Nepal.

Non ha tutti i torti. Gli ultimi mesi sono stati un susseguirsi frenetico di telefonate con mezza Europa, viaggi in Polonia e in Italia alla ricerca degli sponsor e del materiale. Mantenere i contatti, prendere le decisioni... bolletta del telefono, biglietti del treno, benzina per la macchina.

«Tutto questo lavoro e tutti questi soldi solo per scalare una montagna, decisamente non siamo molto normali» avevo detto a Piotr quando era venuto in

Italia a portarmi il materiale da spedire in Nepal via cargo. Poi, appena i polacchi erano ripartiti per tornare a casa, trascorsi due giorni a preparare con Christian i colli da portare in aeroporto. Bidoni, casse, sacconi, liste dei viveri e dell'equipaggiamento da ogni parte, materiale sparso ovunque. Mio padre ci aveva osservati con uno sguardo misto di stupore e di compatimento quando aveva constatato in che confusione si trovava l'appartamento.

Con uno scatto violento il cerchio di metallo si era chiuso. Il bidone blu elettrico aveva barcollato lievemente prima di rimanere immobile in mezzo alla stanza.

Con aria soddisfatta osservammo la conclusione del nostro lavoro. I bagagli erano allineati in bell'ordine sul pavimento, pronti per essere spediti. Anche se ormai conoscevamo a memoria il contenuto di ogni bidone e di ogni sacca, controllammo ancora una volta che ci fosse tutto.

«Per fortuna ho detto a Marek di non portare troppi medicinali» imprecai pesando la cassa della farmacia e rilevandone il peso abbondantemente superiore ai trenta chili.

«Di questo passo dovremo prendere uno yak solo per le pillole» aveva ribadito Christian con uno sguardo carico di insofferenza, che nell'amico aveva raggiunto il parossismo quando si accorse che uno dei bidoni portatoci da Piotr era colmo solamente di polvere liofilizzata per fare la purea di patate.

«Neanche mangiandone un chilo al giorno riusciremo a finirla tutta» aveva esclamato gettando nel "bidone delle patate" un grosso mattone di verdura disidratata compressa e puzzolente, anche quella "made in Poland".

Dopo aver compiuto con i polacchi quattro spedizioni pensavo di essere ampiamente vaccinato alle loro stravaganze alimentari ma, quando mi accorsi che un secondo contenitore era pieno di tubi di pasta al salmone, per di più abbondantemente scaduta, rimasi allibito e senza parole. Questa volta Christian scoppiò in una risata nervosa. Ricordandomi però di quando Krzysztof aveva fatto arrivare al campo base del Cho Oyu quindici bottiglie di *chili*[8] verde piccantissimo, mi rassegnai ancora una volta alle abitudini del selvaggio Est.

Cinque mesi erano stati veramente pochi per completare l'organizzazione e reperire i fondi necessari. I congelamenti riportati alle dita dei piedi durante la scalata al Dhaulagiri non erano ancora perfettamente guariti ma essere nuovamente in viaggio mi faceva bene. L'unica cosa che mi importava davvero era di risolvere al più presto tutti i problemi legati alla burocrazia. Non dovermi più preoccupare del visto collettivo per il Tibet e dello sdoganamento del cargo. Non dover preparare carichi che pesassero venticinque chili e smettere di nascondere le radio ricetrasmittenti per evitare noie con le dogane locali. Volevo arrivare ai piedi dell'Everest il più velocemente possibile per potermi finalmente occupare solo della montagna.

Piotr, Jozef, Zbignew e Marek sarebbero arrivati a Kathmandu dopo di noi. Per non perder tempo cominciai a prendere i primi contatti con l'agenzia e a ritirare il nostro materiale che, come ogni anno, avevamo lasciato nella capitale nepalese presso alcuni amici. Nella nostra spedizione non esisteva un leader nel senso proprio del termine. Fui "ufficialmente" no-

[8] Varietà messicana del peperoncino mediterraneo. Essendo il nome *chili* conosciuto ovunque, in particolare nei paesi di lingua anglosassone, si parla di *chili* anche nei piatti indiani o cinesi.

minato capospedizione della "Everest International Expedition 1995" solo perché di fronte alle autorità era necessario un responsabile del gruppo e perché, vivendo a Milano, mi era più facile risolvere con l'agenzia i problemi che di volta in volta si presentavano. In realtà ognuno di noi era libero di comportarsi come meglio credeva. Anche le decisioni venivano prese insieme. In caso di divergenze, non c'era bisogno di ricorrere alla cosiddetta "maggioranza dei voti", in quanto, alla fine, ognuno seguiva comunque il proprio istinto. Questa era sempre stata una delle principali caratteristiche del nostro gruppo. Eravamo regolati da una strana anarchia: ognuno faceva quello che voleva ma, senza sapere come, eravamo sempre pronti per la cima nello stesso momento.

D'altra parte, durante la spedizione all'Everest, dovetti constatare con mia grande sorpresa che i primi a volere che facessi il leader erano proprio i miei compagni; soprattutto quando si trattava di risolvere i noiosi problemi burocratici con l'ufficiale di collegamento o contrattare per gli yak con i pastori tibetani. Un giorno, durante una bufera, incontrammo notevoli difficoltà a montare le tende per la notte. Tra una raffica e l'altra, Piotr mi gridò che il capospedizione ero io e perciò era mio compito decidere chi doveva occupare le tende. Lo mandai a quel paese, entrando rapidamente all'interno della prima tenda montata e dicendogli che per me avrebbe anche potuto dormire tutta la notte dentro un crepaccio. Il giorno successivo, sdraiati al sole, ridevamo insieme ricordando quel buffo episodio e festeggiammo la mancanza di Eolo con un'abbondante sorsata di ottima vodka.

L'alba. Una luce rosso-arancione esplode all'improvviso dietro a una collina in fondo alla valle. Simile a una colata di lava scende lenta e inarrestabile lungo i pendii della montagna mentre la fumante umidità notturna si espande con un tremito nell'atmosfera già calda e satura di polvere. Un bagliore vivo e splendente si accende di colpo lungo la collina ricoperta di vegetazione alla periferia della città. La cupola dorata di Swayambhunath[9] brilla sotto i primi raggi del sole. È il momento che aspettavo. Ho montato un 200 millimetri sulla macchina fotografica, sono molto orgoglioso di questo obbiettivo che lavora in maniera perfetta.

Questa mattina mi sono svegliato ancora con il buio per riprendere il tempio alle prime luci. Non ho dovuto fare un grande sforzo per alzarmi così presto, il fuso orario differente e la fatica del viaggio mi hanno impedito di dormire. Ho lasciato in camera Christian, che invece "ronfa" come un ghiro, e mi sono avviato sulla terrazza dell'albergo. Da quassù posso godere una magnifica vista su tutta Kathmandu e sulle colline circostanti.

Una densa bruma cinge come un sudario la capitale nepalese. Un disordinato miscuglio di edifici colorati e multiformi emerge tra una foschia carica di umidità, insieme a numerosi gruppi di piante dalla grande volta ramificata. Siamo alla fine di marzo. È la prima volta che mi trovo in Nepal nel periodo primaverile. La città si presenta in una veste differente rispetto alla tarda stagione estiva, quando il monsone sta finendo. La luce, i colori, l'odore dell'aria, tutto è nuovo e da scoprire. Sono molto curioso di conoscere l'Himalaya in questo momento per me insolito e misterioso.

La prima volta che mi trovai a Kathmandu rimasi colpito e affascinato da ogni cosa. Con meraviglia mi

[9] Collina della valle di Kathmandu sulla quale si trova uno dei principali *stupa* (monumento dell'arte buddista) nepalesi.

addentravo nella città osservando giganteschi pipistrelli appesi a testa in giù sui rami delle piante dei numerosi parchi cittadini. Anche le grosse scimmie che scorrazzavano indisturbate tra i tetti degli hangar dell'aeroporto mi avevano sorpreso non poco. Era proprio un altro mondo.

Piotr, Jozef, Zbignew e Marek atterrano "all'International Tribhuvan Airport" di Kathmandu in perfetto orario. Arrivano da Delhi con un volo della Royal Nepal. Sono molto stanchi. Hanno bivaccato quindici ore nella sala di transito a Delhi in attesa della coincidenza per Kathmandu. Vogliono solo andare in albergo e dormire. Quando sono usciti dalla dogana li abbiamo ricevuti con ghirlande di fiori intorno al collo, simpatico modo di dare il benvenuto che non è tipico solo delle isole Hawaii ma anche dell'ospitalissimo Nepal. Eravamo tutti felici di essere insieme un'altra volta. All'aeroporto c'è anche Tirta, il nostro factotum, *sirdar* e cuoco. Sherpa del Khumbu[10], Tirta mi era stato vivamente raccomandato da alcuni conoscenti che in passato lo avevano avuto con loro all'Everest. Avere la collaborazione di persone qualificate di cui potersi fidare è molto importante per la buona riuscita della spedizione e così mi adoperai perché fosse dei nostri. Si rivelò il nostro asso nella manica. Con suo cugino Bhiman, assunto in qualità di secondo cuoco, ci fu di straordinario aiuto, soprattutto nei momenti difficili.

Prima della partenza andiamo a salutare Miss Elizabeth Hawley la quale, come sempre, ci aggiorna con le ultime notizie sulle spedizioni in Himalaya. Quest'anno, sul versante tibetano dell'Everest, saranno presenti molte spedizioni provenienti da tutto il mondo. Quando le diciamo che vogliamo salire senza

[10] Valle nepalese ai piedi del monte Everest.

ossigeno e senza portatori d'alta quota rimane molto sorpresa. Mi sembra anche di cogliere nel suo sguardo un velo di ironia.

A distanza di un anno e mezzo stavo così ritornando in Tibet. L'avvicinamento al versante settentrionale dell'Everest era infatti quasi identico a quello seguito nel 1993 per raggiungere il Cho Oyu. Il confine tra Nepal e Tibet si trova tra la baraccopoli nepalese di Kodari e il villaggio tibetano/cinese di Zangmo, due luoghi impressionanti, al limite dell'angoscia. Kodari sorge ai lati della stretta strada che, risalendo la valle, conduce sull'altopiano tibetano. Due file di catapecchie di alluminio e legno erano compresse tra la costa della montagna e la scarpata ripidissima e franosa che precipitava nel fiume tumultuoso del fondovalle. Chi abitava sul lato a monte rischiava di essere travolto da una frana e chi viveva verso valle di smottare nel fiume con casa e terreno.

Il fango e la sporcizia erano i veri padroni del villaggio. Non esistevano né servizi igienici né fognature. Abitanti e turisti si dovevano arrangiare sporgendosi dalla scarpata sovrastante il fiume. La pattumiera era costituita dalla strada nella quale veniva scaricato ogni genere di immondizia. Malgrado si trattasse di un percorso prevalentemente sterrato, era una via di comunicazione vitale tra i due paesi. La cosiddetta "Kathmandu-Lhasa" veniva percorsa senza sosta da moltissimi veicoli di ogni genere, in particolare camion e grossi furgoni, quando non era interrotta dalle frequentissime frane che si verificavano soprattutto dopo una pioggia violenta.

La confusione determinata da queste centinaia di veicoli era pari solo all'inquinamento atmosferico causato dai gas di scarico. Non essendo sufficiente lo spazio per il transito nelle due direzioni si creava continuamente un gigantesco ingorgo con file lunghe anche centinaia di metri. Per gli abitanti, la situazione era perfettamente normale. La vita scorreva tranquilla, immutabile nel tempo. Nessuno si preoccupava di apportare qualche modifica o miglioria.

Zangmo mostra una situazione simile a quella di Kodari. Situato cinquecento metri più in alto, ha il vantaggio di trovarsi in un luogo più aperto. Quando, nel 1993, mi trovai per la prima volta a Zangmo, osservai sbalordito i tibetani costruire nuove case sopra questi scivoli ripidi e sabbiosi. Come riuscissero a rimanere in piedi sfidando tutte le leggi della fisica è un vero mistero. La situazione igienica e stradale era identica a Kodari. Solo il fatto di avere abitazioni sparpagliate disordinatamente, invece di essere imprigionate su due file, dà a Zangmo una sensazione meno opprimente.

Il primo impatto con questi luoghi fu uno shock. Il villaggio successivo a Zangmo, Nyalam, sorge a 3700 metri di quota all'inizio dell'altopiano.

«Meglio morti che a Nyalam» esclamò un giorno Mariusz Sprutta. Mi colpì talmente questa osservazione da riportarla nel diario. Una volta rientrato a casa, rileggendola, mi sembrò un po' esagerata. La distanza, il tempo trascorso e anche l'abitudine ai luoghi maturata durante la spedizione, davano ai ricordi un aspetto meno deprimente. Scendendo dal campo base del Cho Oyu, in attesa di ripartire per lo Shisha Pangma, avevo trovato accogliente perfino la lurida stamberga nella quale soggiornavamo. C'erano letti, muri, si poteva stare in piedi, rispetto alla tenda e alla vita sul ghiacciaio il miglioramento era netto. Anche il puzzolente e lercio ristorantino cinese, nel quale consumavamo i pasti, non mi sembrò così male come in precedenza. Potevamo inoltre comprare l'annacquata birra cinese.

Ricordo che ci fu uno scoppio generale di risa quando, durante un pranzo, chiamai la cameriera con l'appellativo di "madame". Nel venirmi incontro, la madame, una cinese di circa quarant'anni, come sua abitudine aveva sputato un grosso bolo di catarro sul pavimento schiacciandolo con il piede nudo. Piotr iniziò a contorcersi dalle risate fino a quando, ormai preda di una convulsione incontrollata, rimase quasi soffocato da una grossa mollica di pane bianco che aveva in bocca.

«Meglio morti che a Nyalam.» Mariusz in questa spedizione non è più con noi, scomparso nei meandri della sua vita di chitarrista, ma la sua frase, a più di un anno di distanza, mi ritorna in mente appena rivedo quel luogo.

"Non era affatto un'espressione esagerata" rifletto osservando il villaggio immutato. L'unica differenza, rispetto all'ultima volta, è data dalla presenza di grandi chiazze di neve compressa sparse un po' ovunque, una novità determinata dalla diversa stagione. Il resto è tutto uguale, compreso il nostro "Snow land hotel" e il ristorantino cinese con relativa madame.

Un temporale scoppia durante la notte trascorsa a Nyalam. È la prima volta che ho modo di osservare un simile fenomeno in Himalaya. Non so se attribuirlo alla primavera o a un caso eccezionale. Qui stranamente, a differenza di quanto accade nelle Alpi, non si sono quasi mai contati morti per fulmini. Forse è l'aria sempre fredda e priva di umidità a impedire l'accumulo di cariche elettrostatiche. L'unico scalatore ucciso dalla folgore è stato l'altoatesino Friedl Mutschlechner nel 1991 sul Manaslu. Al proprio destino non si può sfuggire.

Il temporale notturno è violentissimo, i lampi si succedono senza sosta, il tuono rimbomba sinistro e di continuo mentre comincia a cadere la neve.

"Ci mancava anche la neve - penso preoccupato - adesso sarà un bel problema risalire il Lalung-La.[11]"

La jeep, un po' asfittica, ha fatto molta fatica a raggiungere il passo. Il nuovo pilota, malgrado indossi un paio di guanti bianchi che gli danno un aspetto da chauffeur inglese, non è certo superiore in abilità a quello della passata spedizione.

Con un sussulto il motore si spegne mentre il fuoristrada sbanda leggermente mettendosi di traverso. Un coro di insulti e imprecazioni esplode all'improvviso nell'abitacolo. Christian, con un guizzo, tenta di impossessarsi del volante. Il cinese però, riprendendo il controllo del mezzo, reagisce con nervosismo urlando: «This is China, not Italy». Non riusciamo a capire perché si rifiuti di inserire le quattro ruote motrici e si ostini a viaggiare sempre in quarta o in quinta anche quando la pendenza della strada richiederebbe marce più basse.

Il tempo è spaventoso, la visibilità ridotta a due/tre metri. Il banco di nebbia impedisce di capire la direzione della strada e sulla carreggiata si sono depositati almeno dieci centimetri di neve. Con l'altra auto il team polacco è già finito fuori strada una volta, rischiando di cadere in una scarpata. Marek non ha perso tempo, è saltato fuori dall'abitacolo, ha sollevato l'autista che pesava venti chili meno di lui e, dopo averlo scaraventato nella neve, si è messo alla guida.

Provo a camminare davanti alle jeep in modo che riescano sempre ad avere un punto di riferimento. La mia giacca a vento giallo e rossa funge ottimamente da faro antinebbia ma, quando finalmente arriviamo

[11] Passo tibetano alto 5050 metri situato tra i villaggi di Nyalam e Tingri. Deve essere valicato dalle spedizioni provenienti dal Nepal durante l'avvicinamento all'Everest.

sul valico, la tormenta raggiunge l'apice della sua forza costringendomi a rientrare in macchina.

Il fuoristrada dei polacchi, con uno scatto bruciante, ci sorpassa di gran carriera. Riesco a vedere solo il nostro dottore: se ne sta aggrappato al volante schiacciando furiosamente l'acceleratore. Intorno alla testa ha un grosso foulard coloratissimo avvolto come una fascia da kamikaze. Mentre lo osservo sfrecciare lungo il Lalung-La cerco di immaginarmi cosa penserebbero i suoi pazienti se potessero vederlo in questo momento. Il professor Marek Rozniecki abborda il primo tornante della discesa derapando nella neve morbida e polverosa. Forse solo il fondo sterrato e pieno di sassi gli impedisce di volare giù dalla scarpata. Sobbalzando e sbandando i polacchi spariscono in un attimo inghiottiti dalle nuvole. Quando il nostro autista ha visto quella forsennata manovra di sorpasso è diventato improvvisamente molto baldanzoso. Un urlo belluino emesso all'unisono da Christian e da me gli deve però aver consigliato una guida più prudente. Così, con aria di finta indifferenza, si è limitato a riprendere la discesa mettendo in folle e pigiando in continuazione il pedale del freno. In Tibet concetti come "freno motore" o "scalare le marce" sono evidentemente superati da tempo.

«Marek è completamente pazzo. I polacchi finiranno con l'ammazzarsi tutti» osserva divertito Christian.

Una jeep messa di traverso, pericolosamente vicina al ciglio del burrone, compare improvvisamente tra la nebbia. I nostri compagni si affannano nel tentativo di rimetterla in carreggiata. Quando dopo molti sforzi sono di nuovo in grado di proseguire, l'autista, rapido come il fulmine, salta al posto di guida sostituendosi a Marek. "Fittipaldi", come è stato soprannominato, ha ripreso il comando.

Per nostra fortuna, dopo quest'ultimo intoppo il viaggio sino a Tingri continuò senza nuovi imprevisti. Le condizioni meteorologiche erano migliorate consentendoci di raggiungere direttamente Shegar-Dzong. Non avevamo visto il Cho Oyu e neppure l'Everest perché sull'Himalaya il maltempo imperversava ancora. Ero deluso. Dovevo ancora rimandare l'incontro con gli Ottomila e la nostra montagna.

Le spedizioni dell'anteguerra per avvicinarsi all'Everest utilizzavano un percorso completamente differente da quello attuale. Infatti non esisteva ancora la Kathmandu-Lhasa né, a maggior ragione, si poteva volare in aereo dalla capitale nepalese a quella tibetana. L'unica soluzione per quegli arditi pionieri era quella di arrivare a Darjeeling nel Sikkim per poi proseguire verso nord fino a Kampa-Dzong e quindi piegare a ovest verso il villaggio di Shegar-Dzong. Era un avvicinamento faticoso, reso ancora più arduo dalle severe condizioni climatiche incontrate sull'altopiano tibetano. Il vento e il freddo, unitamente ai disagi legati alla totale mancanza di civiltà dei luoghi attraversati, finivano con il minare la salute e il morale degli alpinisti ancora prima che potessero arrivare in prossimità della montagna. Ma non tutti soffrivano nel viaggiare in nuovi territori. Alcuni intraprendevano quei lunghissimi viaggi in Asia soprattutto per il piacere di avventurarsi in luoghi misteriosi e non sempre l'Everest era una meta particolarmente ambita, come scrisse un giorno Tom Longstaff: «Aver vissuto questa esperienza (l'attraversamento dell'altopiano tibetano, N.d.A.) val bene poi la condanna a tentare di salire il mostro: perché di un mostro si tratta, questo relitto del caos primordiale, dimora di demoni e non di divinità. L'Everest è una montagna repulsiva. Non ha la grazia delle forme di un atleta, bensì la massa brutale del lottatore, minaccioso e omi-

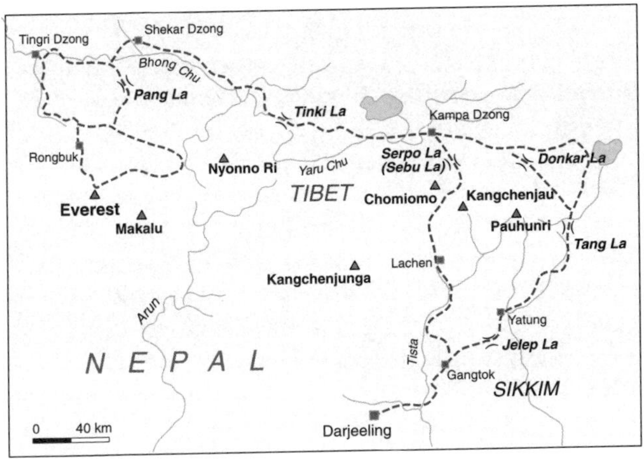

Percorso di avvicinamento all'Everest delle spedizioni inglesi degli anni Venti.

cida. Dal punto di vista tecnico non sono d'accordo con quelli che lo ritengono una montagna facile...».

Cercavo di immaginare come fossero questi territori 70 anni fa e cosa avessero provato i primi occidentali che esplorarono la zona dell'Everest e lo videro. Essendo nato 41 anni dopo la prima spedizione del 1921 non potevo pretendere di trovare la stessa situazione. Mi apprestai a vivere l'incontro con la montagna con lo stesso spirito di Eric Shipton, Frank Smithe o Bill Tilmann. Il desiderio e lo stupore erano certamente gli stessi anche in uomini di epoche diverse.

Il giorno successivo, sobbalzando continuamente su di un fondo stradale sterrato e irregolare, eravamo tornati alcuni chilometri da Shegar verso Tingri. La mia curiosità diventava con il passare del tempo sempre più grande. Dov'era la via per l'Everest? Non sapevo neanche quante ore distasse la leggendaria valle di Rongbuk. Un'ansia crescente mi dominava.

Con una improvvisa sterzata avevamo lasciato la strada e imboccato, verso sud, un'angusta valle laterale chiusa da una linea di montagne brulle e desertiche. Alcuni solchi sul terreno indicavano il passaggio di altri veicoli. Incominciammo a salire su un lato della valle percorrendo brevi rettilinei intervallati, sempre con maggior frequenza, da stretti tornanti. Il fondo stradale diventava più sconnesso man mano che guadagnavamo quota. Grosse pietre disseminate ovunque facevano ondeggiare la jeep. Sembrava di essere in una centrifuga. Il cinese al volante non era infastidito da un simile sconquasso, perfettamente immune a tutto quel caos continuava ad accelerare indifferente alle nostre imprecazioni.

A causa del maltempo il Pang-La, passo a 5150 metri, non ci regalò nessuna vista né dell'Everest né della catena himalayana. Vecchie fotografie ingiallite dal tempo avevano iniziato a danzare, come in sogno, davanti ai miei occhi. Vedevo alcuni alpinisti della spedizione del 1922 osservare l'Himalaya con i possenti massicci dell'Everest, Gyachung Kang e Cho Oyu, proprio dal medesimo luogo nel quale mi trovavo. Cercavo di figurarmi quello spettacolo superbo, ma purtroppo una massa compatta di nuvole si era addensata all'orizzonte nascondendoci le montagne. L'Everest continuava a mostrarsi geloso della sua bellezza. A nord, intorno ai 5000 metri di quota, molte colline si intersecavano l'una con l'altra in ogni direzione, dando la sensazione di onde in burrasca. Solo verso l'altopiano, la vasta distesa di montagne dal colore ocra-marrone perdeva la sua continuità lasciando intravedere il misterioso e sconfinato paese tibetano.

Scesi sul versante opposto del Pang-La, la jeep aveva cambiato nuovamente direzione puntando decisamente a ovest lungo una nuova, larga, valle di pietre. Alcuni villaggi, costituiti da piccole casette con muri bianchi e tetti piani, sorgevano presso le rive di un torrente che scorreva tranquillo in mezzo al vallone. Altre abitazioni erano invece sistemate sulle pendici delle alture circostanti. Da lontano si vedeva il fumo dei focolari e alcuni abitanti intenti a prelevare l'acqua dalle fonti. La civilizzazione era penetrata assai meno profondamente rispetto ai paesi situati vicino alla Kathmandu-Lhasa. La nefasta influenza cinese non era ancora riuscita a snaturare le abitudini di queste genti. La vita scorreva come in epoche remote, con le stesse immutate usanze e i medesimi ritmi.

Man mano che risalivamo la valle un senso di quiete pervadeva il mio spirito. Quale differenza dall'orrore di Zangmo o Nyalam! L'aria diveniva sempre più fredda, si sentiva anche l'odore della neve.

Nel 1993, quando eravamo diretti al Broad Peak percorrendo la Karakorum Highway, in prossimità di Chilas incontrammo una comitiva di turisti italiani che stava ritornando a Islamabad dopo aver raggiunto il Kunjerab Pass. L'agenzia pakistana alla quale si erano appoggiati aveva consigliato loro quel giro per la bellezza dei panorami e per l'interessante possibilità di visitare una gran parte della regione. Erano delusi, un po' tristi e completamente esausti dalle moltissime ore trascorso a bordo di un pulmino nuovo di zecca. Si erano limitati a osservare ogni cosa dal finestrino, come se si trovassero davanti a uno schermo televisivo. In tutto il viaggio non avevano camminato neanche un'ora lungo la morena di un ghiacciaio né avevano risalito qualche collina. Ci raccontavano la loro esperienza con sguardi annoiati e con parole di insoddisfazione.

«Tu, o Iddio, ci rendi tutti li beni per prezzo di fatica» scrisse una volta Leonardo da Vinci. E forse non aveva torto, almeno osservando quell'infastidito gruppetto di turisti. Uno dei nostri compagni di spedizione li aveva criticati apertamente. Non era infatti immaginabile visitare un qualsiasi luogo così passivamente. Ci risposero che per loro non era possibile camminare lungo i ghiacciai perché, a Milano, dove abitavano, non c'era l'opportunità né il tempo per allenarsi.

«Se voi volete avere tutto e subito fate meglio a rimanere a casa» avevamo replicato forse con troppa durezza.

«Dedicate il vostro tempo libero di un anno ad allenarvi e anche voi potrete visitare questi luoghi camminando. Solo così riuscirete a vivere nel modo migliore questa natura e questi posti affascinanti.»

Erano risaliti sul pullman parlandomi di piazza del Duomo e della nostra comune città. Mi accorsi di sentirmi più vicino a uno sherpa del Khumbu o a un baltì[12] di Dassu piuttosto che a loro.

Mi erano tornati in mente quando, dirigendoci verso la valle di Rongbuk, uno stato di malessere fisico, causato dalle molte ore trascorse in jeep, iniziò a tormentarmi. Il freddo pungente e l'odore della neve sembrava ordinassero improvvisamente alle membra addormentate di muoversi e camminare.

Il monastero di Rongbuk mi aveva sempre affascinato. Isolato dal mondo in una gelida valle ventosa ai piedi dell'Everest, era uno dei luoghi sacri più alti della Terra. Quando la Cina, nell'ottobre del 1950, invase il Tibet occupandolo militarmente, le guardie rosse di Mao distrussero quasi tutti i templi buddisti e uccisero i monaci. Dei circa 6000 templi esistenti prima dell'occupazione ne rimasero un centinaio.

Anche Rongbuk subì la stessa sorte. Quello che

[12] Nome degli abitanti del Baltistan, la regione settentrionale del Pakistan. I paesi di Skardu e Dassu sono tra i centri abitati più grandi di questa zona scarsamente popolata dall'uomo.

un tempo era stato un florido centro di cultura, tradizioni e preghiere, fu ridotto in cenere. I racconti degli alpinisti ritornati in questa valle quando la Cina aveva riaperto le frontiere nel 1979, parlavano del monastero come di uno scheletro ridotto in polvere dove la vita non esisteva più. Le foto pubblicate sui libri erano ancora più desolanti.

Non sapevo cosa avrei trovato, se cenere o vita, ma bastava il solo nome di Rongbuk per dare a quei luoghi un alone misterioso e quasi soprannaturale.

Non avevo mai scalato una montagna per motivi religiosi o per avvicinarmi a Dio e neanche perché avessi fatto al Cielo qualche voto o giuramento. Cosa mi inducesse a salire le montagne era un mistero anche per me e ormai da molto tempo avevo rinunciato a cercare una spiegazione. C'erano effettivamente tanti motivi plausibili a spingermi verso le vette e l'alpinismo. Il desiderio di vivere in una natura più selvaggia e intatta, i meravigliosi panorami, un ritorno alle radici dell'essere umano, l'acquisizione di una maggior conoscenza di sé e delle proprie paure. Potevo farne un lungo elenco ma sentivo che le vere ragioni rimanevano nascoste nel subconscio. Le vere ragioni erano celate alla mente e alle spiegazioni razionali. Forse non sarei mai riuscito a dare un nome preciso a quella forza interiore che mi portava verso le grandi montagne. Solamente un giorno riuscii ad isolare per un momento alcune di queste sensazioni e subito dopo scrissi queste poche righe: «Quello dentro di me non potrà mai essere completamente spiegato. È la forza bestiale, è la forza soprannaturale, è la disgrazia, è la felicità. Dentro me grida la vita e grida la morte. Il corpo è l'involucro, l'involucro di carne e sangue nel quale è racchiuso questo grande urlo. Non sempre egli mi appartiene, spesso è indipendente ed estraneo e, a volte, si agita senza il mio controllo. Però non può scappare perché fa parte di me. In realtà appartiene a sé stesso in quanto sono io. Io, quell'insieme di energia chiamato Essere, che mi costituisce e che mi è estraneo. Lui che ha le radici nel mio cervello e il cuore nel mio animo. Lui che sono Io.

Cos'è? Sono la mia solitudine e la mia compagnia. Sono la mia pazzia e la mia saggezza. Sono tutto quello che forma la mia esistenza. Quanti esseri siamo? Uno? Due? Forse tre, non so. Non è possibile contare quello che mi dà la vita. Quello che mi dà la gioia e l'infelicità. Quel moto inarrestabile che mi spinge sui grandi versanti ghiacciati dei monti.

I monti! Ghiaccio e pietre, materia inanimata con il potere di entrare in sintonia con Lui. Pietre e ghiaccio che lo fanno ardere. Pietre e ghiaccio che lo inaridiscono, lo rinsecchiscono, lo schiantano per poi ridargli la vita e la forza. Luce e buio. Ghiaccio e pietre, senza un inizio e senza una fine.

Le montagne, le pareti, le seraccate, i sogni. Mi dibatto con questa forza. Il cervello spasima soggiogato dalla potenza che lo domina e, incapace di comprendere, mi subisco arrendendomi al mio volere. Sempre, continuamente, il grande sogno alimenterà il desiderio il quale, bruciando, tornerà a nutrirlo. E l'Himalaya mi rifletterà per tutta l'esistenza, che sarà infinita».

Gli alpinisti che avevano motivato il loro agire in montagna con spiegazioni di ordine religioso, di presunta superiorità o, peggio, con motivazioni politiche o nazionalistiche, mi avevano sempre lasciato perplesso o disgustato creandomi un profondo senso di disagio. Aborrivo le grandi spedizioni dove tutto era regolato da una rigida disciplina militare. Ripensando alle spedizioni italiane di Monzino all'Everest o di Ardito Desio al K2 mi veniva la pelle d'oca. Ordini, dispacci scritti con istruzioni su cosa fare e quando,

Marco Bianchi sulla vetta dello Shisha Pangma
(foto P. Pustelnik).

La parete sud-ovest dello Shisha Pangma 8013 m.

Piotr Pustelnik arriva sulla vetta dello Shisha Pangma.

La vetta del Dhaulagiri 8167 m ripresa dal French Pass.

Marco Bianchi sul Dhaulagiri, a circa 7000 m di quota *(foto C. Kuntner)*.

Portatori nella valle Kali Gandaki durante il ritorno dal Dhaulagiri.

Villaggio tibetano situato lungo il percorso di avvicinamento al versante nord dell'Everest.

Kuntner in arrampicata a 6900 m verso il colle nord dell'Everest.

Il versante settentrionale dell'Everest 8848 metri, fotografato dal colle nord.

Il versante settentrionale del K2 8611 m.

Sullo spigolo nord del K2, a 7800 metri di quota.

Kuntner a 7500 metri circa sullo spigolo nord del K2.

Da sinistra a destra e dall'alto in basso: Marco Bianchi, Piotr Pustelnik, Krzysztof Wielicki, Zbignew Terlikowski, Christian Kuntner, Marek Rozniecki.

un capo che prendeva decisioni a tavolino su chi dovesse raggiungere la cima, addirittura elicotteri per superare le seraccate! Mi ricordavano scenari di guerra con un nemico da uccidere. I rapporti umani erano distrutti, cancellati. Una persona comandava e gli altri dovevano ubbidire, tutto questo in montagna! per vincere! Era pazzesco[13].

«*Breakfast is ready!*» Tirta, con un allegro sorriso, dopo aver annunciato la colazione versa in un grande recipiente metallico una pappetta bianca e molliccia.

«Che cos'è questa roba?» dico a Christian sorpreso.

«*Porridge*» è la sua laconica risposta.

«Che porcheria!» replico mescolando la brodaglia con un grosso cucchiaio di alluminio.

«Perché diavolo cucinano questa roba per colazione?» concludo spingendo dalla parte opposta del tavolino di ferro lo strano miscuglio.

«Ecco perché» esclama Christian indicando Piotr e Zbignew mentre travasano nella loro scodella "made in China" il fumante porridge inglese, comprato a Kathmandu, cucinato da uno sherpa nepalese sul versante tibetano dell'Everest e pronto per essere inghiottito da uno stomaco polacco sotto lo sguardo perplesso di un italiano e di un sud-tirolese (che è anche lui "italiano" ma guai a farglielo notare).

Dopo molte ore di jeep eravamo finalmente arrivati nella valle di Rongbuk. Tutto era ricoperto dalla neve, la valle, le montagne circostanti e il tanto famoso monastero. Il tempo era sempre brutto e così, nonostante avessimo l'Everest proprio di fronte, non era-

[13] Come pazzesche furono altre spedizioni nazionali di quel periodo: per esempio la spedizione argentina al Dhaulagiri del 1954 che utilizzò le mine per scavare le piazzole delle tende del campo VI (ne furono fatte esplodere più di venti).

vamo riusciti ancora a vedere niente. L'unica sorpresa era stata quella di trovare il monastero ricostruito. Fra quelle mura era tornata la vita. L'incontro sognato per tanto tempo era finalmente arrivato. Ma appena usciti dalla cabina di guida un freddo pungente ci aveva immediatamente assaliti. Un vento martellante e ossessivo proveniente da nord-ovest soffiava impetuoso facendo turbinare freneticamente la neve polverosa. Avevo visto due monaci, un uomo e una donna, uscire in tutta fretta da un piccolo edificio di pietre dirigendosi poi a gran velocità vicino ad un grosso masso dove avevano sbrigato i loro bisogni.

"Anche i sant'uomini hanno le loro necessità" pensai un po' meravigliato da quella naturalezza di comportamento.

Volevo visitare il monastero, osservare i bellissimi dipinti che ornavano alcuni portali di legno e magari chiedere a qualche monaco da quanto tempo fosse stato ricostruito. Anche scattare alcune fotografie ad effetto sarebbe stato interessante.

Erano bastati pochi minuti trascorsi fuori dalla jeep per sentirmi tutto gelato. Un freddo artico paralizzava i muscoli, le dita delle mani erano insensibili e non riuscivo più a girare le ghiere dei tempi e dei diaframmi della mia macchina fotografica tutta meccanica e manuale (scelta apposta non elettronica per resistere al freddo). Ero rimasto altri cinque minuti solo perché attendevo quell'incontro da troppo tempo, ma poi mi precipitai all'interno del nostro automezzo con l'unico desiderio di ripararmi dal gelo, dimenticando il monastero, la valle di Rongbuk e persino l'Everest. Mentre, protetto dai finestrini della macchina, cercavo di ricordarmi in quale bidone fossero gli indumenti in piumino, vedevo Christian con il suo apparecchio autofocus, tutto elettronico e computerizzato, scattare una foto dietro l'altra.

Subito dopo, anche gli altri miei compagni ne ebbero abbastanza. Il monastero, per il momento, era dimenticato.

Riprendemmo il viaggio verso il campo cinese[14] che si trovava proprio di fronte alla grande morena del ghiacciaio principale di Rongbuk.

Non era un luogo confortevole, continuamente spazzato dal vento, in una zona desolata di pietre e neve dove la vegetazione non poteva sopravvivere, distava ventidue chilometri dal Colle nord, obbligando gli alpinisti a lunghe e faticose marce di avvicinamento attraverso i penitentes[15] e le morene del ghiacciaio orientale di Rongbuk.

Il nostro primo risveglio al campo cinese fu accolto da una radiosa mattinata di sole. L'Everest troneggiava in fondo al ghiacciaio. Un monolitico blocco di roccia scura si stagliava solenne e maestoso nella vastità del cielo himalayano. I venti invernali avevano completamente ripulito la montagna dalla neve, soltanto qualche rada chiazza bianca compariva sui pendii meno ripidi. I due grandi canaloni che dalla vetta incidono la parete fino alla base, serpeggiavano tra le rocce, neri di ghiaccio. Dalla cima, verso est, un poderoso getto formato da nuvole e neve fumava senza sosta alimentato dalla bufera proveniente dal Tibet. La cresta nord-est, lunga più di quattro chilometri, ne era sopravanzata quasi del doppio. Calcolai fosse lungo sei chilometri!

"Ecco i diecimila diavoli di Longstaff" pensai, ra-

[14] Nome con il quale viene indicato il luogo a 5200 metri di quota, dove vengono sistemati i campi base delle spedizioni al versante settentrionale dell'Everest.

[15] Formazioni ghiacciate tipiche delle Ande formate dall'escursione termica e dall'insolazione. Simili a funghi di neve possono raggiungere molti metri di altezza creando veri e propri dedali impenetrabili.

pito da quella dimostrazione di esasperata potenza naturale.

L'Everest si presentava come una creatura viva, animato da un'energia propria. Non mi suscitava immagini di mostri o di potenze malvagie, non riuscivo a sentirlo come un essere cattivo o buono. Era solamente la pura manifestazione delle forze della natura. Produceva in chi l'osservava una sorta di palpitante stordimento, generando le stesse sensazioni che potevano dare il pulsare del sole o l'oceano in tempesta. Si trattava di un mondo superiore a quello normalmente conosciuto. Il rumore prodotto dal vento mentre si schiantava sui fianchi della montagna era violento, profondo e intenso con un suono sordo e rimbombante. Forse si poteva considerare simile a quello provocato dalla Terra durante la sua traiettoria orbitale o di quello che si sarebbe potuto udire stando vicino a una stella.

L'Everest mi mostrò l'esistenza di forze superiori, di cui tutti noi siamo a conoscenza ma che raramente, forse mai nella vita, abbiamo la possibilità di percepire anche con la carne. Avvertii il mio corpo e le mie energie così misere e deboli da non riuscire a reprimere una risata sardonica. Io volevo scalare quella montagna? Ed esistevano alpinisti con il coraggio di parlare di vittorie e conquiste? L'unica possibilità di raggiungere la vetta era quella di avere la fortuna di imbattersi in un momento in cui la natura fosse tranquilla. In caso contrario, per quanti sforzi potessimo fare, non avremmo avuto nessuna chance di riuscire a toccare il più alto punto del mondo.

Tirta non aveva cucinato solo il porridge tanto apprezzato dagli alpinisti polacchi. Una frittata di uova quasi fresche, salsiccette calde, marmellata, miele, cioccolata fumante. Molti cibi e diversi tipi di bevande comparvero uno dopo l'altro con sorprendente rapidità. Il nostro tavolino si rivelò troppo piccolo per contenere la colazione. L'appetito non ci mancava di certo, solamente l'organismo non ancora adattato alla quota aveva protestato un po' appena terminato tutto quel ben di Dio.

La nostra prima mattinata al cospetto dell'Everest ci vide riuniti nella tenda mensa montata il pomeriggio precedente. Avevamo definitivamente conosciuto il vento, signore incontrastato del Tibet e della montagna. Continuo, freddo, violento, fastidioso, esasperante. Non lasciava nessuna via di scampo. Ci perseguitava quando montavamo le tende, quando dovevamo andare al "gabinetto", quando volevamo scattare fotografie o quando dovevamo preparare i carichi per gli yak. Scuoteva con violenza le tende, piccole o grandi che fossero. Penetrava da ogni parte, gelava in un attimo i cibi appena cotti, le mani, la faccia, i piedi. Fischiava, soffiava, strepitava, rombava senza sosta per ore, giorni e settimane, infaticabile nell'adempiere il suo compito di diavolo tormentatore. Fu uno degli ostacoli più difficili da superare in tutta la spedizione. Complicava tutto. Obbligava all'immobilità costringendoci all'interno delle tende sprofondati nei sacchi piuma, impediva ogni azione sulla montagna e ci rendeva nervosi e irritabili facendo perdere la calma anche ai più tranquilli come Piotr o Zbignew. Solo Jozef manteneva il suo imperturbabile aspetto di sfinge egiziana, indifferente al freddo e al caldo, alla fame e alla sete, al giorno e alla notte.

Dopo aver studiato sulla carta topografica la conformazione dei ghiacciai di Rongbuk, e grazie ai consigli di alpinisti italiani che erano stati in precedenza all'Everest, decidemmo di installare il campo base a circa 5500 metri di quota sul ghiacciaio orientale di

Rongbuk e una base avanzata a 6300 metri al termine del medesimo ghiacciaio. Al campo cinese avremmo lasciato solamente un piccolo deposito con equipaggiamento di emergenza e scorte di petrolio e viveri, affidato al nostro ufficiale di collegamento della TMA.[16] Questo tipo di sistemazione logistica garantiva nella fase di acclimatazione una minor distanza da percorrere tra un campo e l'altro e ci avrebbe permesso di rimanere lontani dalla grande confusione del campo cinese dove erano installate le altre spedizioni e dove, quasi ogni giorno, arrivavano camion e jeep con nuovi rifornimenti e gruppi di trekker. I problemi organizzativi erano tutt'altro che semplici. Dovevamo infatti portare con noi in una sola volta tutto quanto serviva per vivere due mesi in alta quota e l'equipaggiamento per scalare la montagna.

Al campo base sarebbe rimasto Bhiman e alla base avanzata Tirta. Sulla carta era tutto molto chiaro. Solamente al momento di preparare ogni cosa ci rendemmo conto delle difficoltà da affrontare. È incredibile quanto cibo serva a otto persone per sopravvivere durante sessanta giorni.

Christian Kuntner e Zbignew Terlikowski erano stati "nominati" responsabili del settore alimentare e il loro non fu certo un compito facile, anche perché la buona riuscita dell'impresa dipendeva dalla quantità e dalla qualità dei viveri a disposizione. Quando eravamo ancora a Kathmandu, insieme a Tirta, passarono ore nei negozi della città alla ricerca del vettovagliamento.

Gli yak sono rimasti a pascolare per tutta la mattinata vicino alle nostre tende. I pastori hanno sparpagliato sulle pietre le balle di fieno che gli stessi anima-

[16] Tibetan Mountaineering Association.

li hanno trasportato dal fondovalle: il loro unico cibo per i prossimi giorni. Mentre terminano la loro "colazione" sistemiamo in bell'ordine tutto il materiale stipato all'interno dei bidoni e di alcune sacche.

«Cinquanta chili per ogni yak, non di più» ci ammonisce il nostro ufficiale di collegamento all'arrivo al campo cinese.

«Sono deboli perché durante l'inverno non hanno potuto nutrirsi a sufficienza» conclude seccamente quando accenno una timida protesta. Cinquanta chili per uno yak non mi sembrano poi tanti, considerando il fatto che molti nepalesi ne portano anche quaranta.

Così dobbiamo rifare i bagagli per ottenere colli da venticinque chili ciascuno. Con un bidone per lato le bestie possono procedere sul ghiaccio e tra le morene con più facilità.

Anche questa volta, come due anni prima allo Shisha Pangma, dobbiamo aspettare molte ore prima che i pastori riescano a sistemare tutto l'equipaggiamento. Poi, finalmente, la partenza. Destinazione campo base della "International Everest Expedition".

Ci disponemmo lungo la carovana per controllare che tutto procedesse nei migliori dei modi ed essere sicuri che il materiale o parte dei viveri non prendesse strane destinazioni. Non avevamo molta fiducia nei pastori, la loro abilità di ladri era rinomata in tutto il mondo alpinistico. Certo erano poveri, anzi poverissimi, quindi il loro comportamento di fronte alle ricche spedizioni era più che naturale. Però non volevamo che fosse proprio la nostra a contribuire al miglioramento del loro tenore di vita, soprattutto perché non potevamo permetterci il lusso di perdere neanche la più piccola riserva di cibo o di materiale. Tutto era stato calcolato al millesimo.

La neve caduta nei giorni precedenti il nostro arrivo a Rongbuk faticava a sciogliersi a causa della temperatura ancora invernale. Sapevamo che alla fine di marzo nella zona dell'Everest avremmo sofferto il freddo, ma anticipando la primavera speravamo di effettuare in tempo la giusta acclimatazione per la vetta prima dell'arrivo del monsone. Generalmente iniziava a imperversare ai primi di giugno e determinava la fine di ogni attività alpinistica.

Salutammo con una stretta di mano il nostro ufficiale raccomandandogli di fare attenzione al deposito che gli avevamo dato in custodia. Non ci saremmo più rivisti per quasi cinquanta giorni. La spedizione vera e propria stava finalmente per avere inizio.

Una vaga traccia compariva tra i sassi della morena sotto una fine coltre nevosa. Avevamo aggirato

Il percorso di avvicinamento al Colle nord di Mallory.

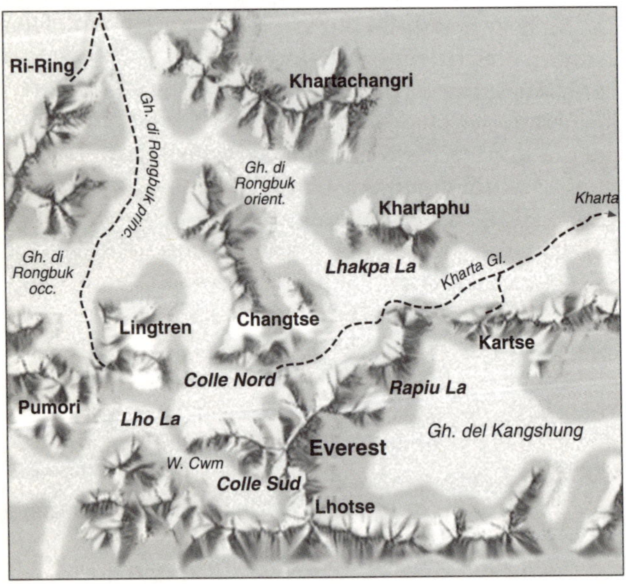

sulla sinistra il ghiacciaio principale di Rongbuk incuneandoci tra il ghiaccio stesso e la costa della montagna. Gli yak procedevano lentamente ma con regolarità, sempre incitati con fischi e grida acute dai pastori tibetani. Uno di loro si era avvicinato grattandosi la folta e irsuta capigliatura raccolta in numerose e lunghe trecce. Dai neri capelli unti e ricoperti di polvere aveva estratto, con un deciso movimento delle dita, una grossa zecca color giallo-oro. Agitandomela sotto il naso, con pochi gesti, mi fece capire di volere qualche medicina. Con grande piacere lo indirizzai alla volta di Marek. Non disponendo però, nella sua fornitissima cassa dei medicinali, di nessun rimedio contro le zecche, il nostro dottore si limitò a dare al tibetano qualche pastiglia di vitamina.

Durante la prima spedizione all'Everest del 1921, quando gli alpinisti iniziarono l'esplorazione della zona per cercare un avvicinamento alla montagna, George Mallory non diede molta importanza a un impetuoso torrente che veniva inghiottito da un crepaccio del ghiacciaio principale di Rongbuk. Quel torrente era generato dal ghiacciaio orientale di Rongbuk, la migliore via di accesso al Colle nord. Mallory lo ignorò e trascorse poi molti giorni nella valle di Kharta cercando di raggiungere l'Everest da est, attraverso il Lhakpa-La[17]. Il problema dell'avvicinamento al Colle nord fu risolto da un compagno di spedizione di Mallory, Oliver Wheeler, che decidendo di risalire lungo il torrente trovò il misterioso ghiacciaio orientale.

[17] Il 18 agosto Mallory raggiunse il Lhakpa-La e poté finalmente osservare il Colle nord da est e il ghiacciaio orientale scoperto alcuni giorni prima da Wheeler. L'avvicinamento dal ghiacciaio principale di Rongbuk, per la sua comodità, fu in seguito preferito dalle spedizioni dirette all'Everest e il percorso attraverso il Lhakpa-La, abbandonato.

Ero rimasto indietro, ultimo di tutta la carovana, perché mi piaceva poter camminare senza l'assillo di altre persone alle mie spalle. Con calma procedevo seguendo le orme lasciate dagli yak nella neve. Il respiro affannoso e frequente era un chiaro avvertimento della rarefazione dell'aria. A 5300 metri la mancanza d'ossigeno rendeva molto faticoso anche il procedere lungo un normale sentiero. Malgrado avessimo già trascorso alcuni giorni sopra i 5000 metri, sapevamo di aver bisogno di altro tempo prima di poterci muovere a nostro agio a queste altezze. I muscoli delle gambe molli e senza forza e un latente e continuo stordimento mentale erano chiari sintomi dell'imperfetto adattamento alla quota del nostro organismo.

Man mano che salivamo, una moltitudine di cime innevate appariva verso sud-ovest, in direzione del Nepal. Al termine del ghiacciaio occidentale di Rongbuk una parete slanciata e molto ripida comparve stagliandosi nettamente sulle vette circostanti. Il versante settentrionale del Pumori, uno dei più bei Settemila dell'Himalaya, dominava una serie di cime aguzze ricoperte di ghiaccio, situate all'estremità occidentale della cresta ovest dell'Everest. Dalla mia prospettiva, di poco superiore ai 5000 metri, sembravano autentici giganti. Quando insieme a Christian, quaranta giorni più tardi, osservai quelle stesse montagne dalla vetta dell'Everest, mi apparvero come piccole colline insignificanti, a malapena distinguibili fra le tante altre "minuscole" vette sparpagliate tra i massicci dell'Everest, del Cho Oyu e del Gyachung Kang.

Durante la salita verso il nostro campo base, l'Everest era scomparso dietro la tozza sagoma del Changtse. Rosse torri di granito dominavano lo stretto sentiero che faticosamente si inerpicava tra i massi morenici della fronte del ghiacciaio. Il vento si insinuava tra le guglie, scavalcava gli spigoli, aggirava i pilastri verticali e strapiombanti, producendo fischi acuti, simili ai lamenti di un gigante sofferente.

«Deve essere un magnifica arrampicata» dissi indicando con un movimento del capo le torri sopra di noi.

«Probabilmente non sono mai state scalate» conclusi con un po' di rimpianto.

«Già, chissà come mai» rispose Christian.

«Forse se ci fossero venti gradi di più, ottanta chilometri di vento in meno, e se si trovassero quattromila metri più in basso, sarebbero "super attrezzate" con spit[18] e catene, ma così ...» disse troncando il discorso con un brusco gesto della mano.

Così erano prive di interesse per tutti gli alpinisti che giungevano fino a questo luogo. Le grandi cupole di ghiaccio dei molti Settemila della zona e la catalizzante, magica piramide dell'Everest, catturavano tutti i sogni e i desideri. Il resto erano semplici corrugazioni della crosta terreste, ridicole e prive di significato. In questa zona del mondo, la quota e i numeri avevano, come sirene incantatrici, il totale dominio sugli alpinisti.

Per i campi base il nostro programma era molto semplice. I ventidue chilometri che separavano il Colle nord dal campo cinese ci obbligavano a installarne due. Questo fatto comportava una serie di problemi come, per esempio, dover lasciare sempre qualcuno in ognuno dei campi per custodire viveri e materiale, o avere un doppio "set" da campo base. In pratica veniva tutto raddoppiato, costi compresi.

Uno dei problemi più importanti riguardava gli yak. La TMA voleva quaranta dollari a yak per ogni viaggio fino al Colle nord (i pastori, di questi quaran-

[18] Chiodo a pressione che viene infisso nella parete dopo aver preventivamente bucato la roccia con un trapano.

ta dollari, ricevevano pochi spiccioli). Bisognava portare ogni cosa con un'unica salita in modo tale da non aver bisogno di trasporti successivi. Le esangui casse della nostra spedizione non erano in grado di sostenere nuove spese. Tutto il contrario di quanto accadeva nelle ricche spedizioni commerciali che predisponevano un continuo servizio di rifornimento per avere sempre tutto il necessario (e il superfluo) in abbondanza.

La base avanzata era situata a 6300 metri. Una quota così elevata rendeva difficile il primo trasferimento da effettuarsi il giorno successivo all'installazione del campo base vero e proprio. Le condizioni di acclimatazione, infatti, erano ancora insufficienti. Il rischio di edema polmonare o cerebrale, emorragie retiniche e altri danni conseguenti alla mancanza d'ossigeno, erano maggiori proprio perché l'organismo non si era ancora adattato all'altitudine. Avevamo deciso di comune accordo di fare un deposito di materiale alla base avanzata scendendo immediatamente ai 5500 metri del campo base in modo da ridurre i pericoli conseguenti alla quota.

Ieri, dopo alcune ore di cammino lungo una traccia esile e poco marcata, sospesa sopra un ripido costone di terra che terminava nel famoso torrente del ghiacciaio orientale di Rongbuk, Tirta ha trovato il luogo ideale per sistemare le tende. L'acqua non era lontana, il terreno era piano e con alcune piazzole. Anche Bhiman è stato contento di questa sistemazione.

Il vento ci ha tormentato fino a quando non siamo riusciti a montare il campo. Con la sua forza ha rotto la grande tenda-mensa, spezzando il tubo che reggeva il soffitto. Con un pezzo di legno, un po' di corda e molte maledizioni Christian e io siamo riusciti a riparare la paleria mentre il team polacco cercava, con lunghe funi di nylon, di ancorare ad alcuni massi ogni cosa suscettibile di prendere il volo. Così, se non altro, siamo riusciti a consumare la cena al riparo dalla tormenta. Da quando abbiamo superato i 5000 metri, appena il sole tramonta non è più possibile rimanere senza duvet[19] e questa sera, terminato il pasto, ci siamo subito rintanati come animali feriti nei sacchi-piuma.

Al risveglio non tutti hanno superato indenni la notte. Nausea, mal di testa, debolezza spossante... ci siamo trascinati nel campo come fantasmi reduci da una notte di bagordi. Nessuno però ha voluto rimanere al campo base per recuperare e, quando gli yak sono stati caricati, abbiamo ripreso nuovamente la marcia per raggiungere il campo avanzato. Bhiman, invece, si è insediato nella tenda cucina, tra bidoni di petrolio, viveri, pentole e fornelli. Con calma ha iniziato a sistemare la nostra casa dei prossimi due mesi.

«Due giorni, per la base avanzata» mi ha detto Tirta dopo aver parlato con i pastori tibetani.

«Questa notte dormiremo a 6000 metri in un comodo spiazzo sul ghiacciaio e domani saliremo fino a 6300» ha terminato con sicurezza.

"Bene - ho pensato - domani sera voglio essere di ritorno."

Sopra le tende, a dieci minuti di cammino, inizia il ghiacciaio. Per arrivarci traversiamo il torrente camminando sulla sua superficie gelata. Temevo che gli yak non fossero in grado di avanzare. Ho dovuto ricredermi. Gli animali, senza la minima esitazione, affrontano con sicurezza il corso ghiacciato del fiume. Sono bestie adattate magnificamente a questo ambiente duro e selvaggio. Non solo si muovono a loro

[19] Letteralmente "piumino". Termine utilizzato dagli alpinisti per indicare la giacca imbottita di piume d'oca.

agio tra morene e ghiacciai, ma da giorni mangiano soltanto un po' di paglia trasportata sulla groppa e si dissetano ruminando la neve. Anche la quota sembra non disturbarli affatto.

Percorrendo colline detritiche, attraversando fianchi scoscesi, risalendo pendii ripidi e mozzafiato, ci addentriamo sempre più in un mondo lunare e affascinante. Dopo il primo tratto, il ghiacciaio ha cambiato fisionomia. Numerosi seracchi azzurro-chiaro, simili a penitentes, compaiono sempre più spesso. Alti, aguzzi e slanciati, assomigliano a grandi punte di lancia protese minacciosamente verso il cielo. Li abbiamo evitati per non rimanere imprigionati nei loro labirinti. Così proseguiamo la marcia lungo una marcata cresta di pietre che, simile ad una gigantesca spina dorsale, segna verticalmente il ghiacciaio orientale di Rongbuk per quasi tutta la sua lunghezza.

Al termine dell'ennesima gobba, verso sud-ovest, è ricomparso l'Everest sopra la mole del Changtse. La montagna ribolle. Un lungo e vorticoso turbine bianco si protende sopra il versante Kanghsung, nascosto allo sguardo dalla immensa e frastagliata cresta nord-est. Il "fumo" dell'Everest si allunga in direzione del Makalu, come un gigantesco polipo intento a ghermire la preda con i suoi tentacoli. Per la prima volta posso individuare la parte superiore della cresta nord, il primo tratto della via che dobbiamo percorrere per arrivare sulla vetta. Come sempre mi accade quando rivolgo lo sguardo all'Everest, anche questa volta sono attraversato da una sensazione di fragilità e debolezza. I nostri programmi, le nostre ambizioni, vengono polverizzate dalla dimostrazione di potenza emanata dagli elementi naturali.

La vetta dell'Everest fu sorvolata per la prima volta nel 1933. L'impresa riuscì a due piloti inglesi, Clydesdale e

McIntyre, che a bordo di due aerei, un Houston-Westland e un Westland-Wallace, alle 10 del mattino del 3 aprile, riuscirono a passare sopra alla vetta di circa 150 metri. Nella sua rotta verso la montagna Clydesdale attraversò, suo malgrado, i fortissimi venti della cima che trasportavano per alcuni chilometri verso est una compatta massa di frammenti di ghiaccio. La potenza di questo tornado incrinò i finestrini dell'aereo. Quando McIntyre fu interrogato sulle sensazioni vissute nel sorvolare la più alta montagna del mondo disse: «Sul momento sembrava un vero incubo». Il racconto del volo di quegli arditi avventurosi, contribuì ulteriormente a evidenziare le grandi difficoltà legate alla natura dell'Everest. Dovevamo avere molta pazienza e tentare la vetta solo in condizioni ambientali e psicofisiche perfette. Sapevo che in due mesi di permanenza ai piedi della montagna, avremmo avuto una chance. Stava a noi riuscire a sfruttarla.

Uno stretto crepaccio che taglia trasversalmente il ghiacciaio ci impedisce di salire ancora verso il Colle nord. Agli yak non possiamo chiedere di trasformarsi in alpinisti. L'altimetro segna 6300 metri. Cinquanta metri sopra al campo della spedizione giapponese optiamo così, dopo una ricognizione dei dintorni, per un falsopiano accidentato e pieno di buche.

Il precedente bivacco a 6000 metri è stato molto duro. Il maltempo ha continuato a imperversare tutta la notte. Montare le tende, mangiare e sistemare i bidoni con l'equipaggiamento sono state operazioni compiute ai limiti della nostra resistenza. L'effetto della rarefazione dell'aria non ha tardato a dare problemi. Ercole Gervasoni, un amico che voleva accompagnarci nel trekking fino alla base avanzata, preferisce ritornare da Bhiman. Marek e soprattutto Zbignew, soffrono la mancanza d'ossigeno più degli altri e cominciano ad accusare preoccupanti disturbi. Decidono tuttavia di proseguire verso la base avanzata compiendo così quel "passo" che avrebbe poi messo in pericolo la loro stessa vita.

La salita verso il Colle nord si rivela molto faticosa per tutti. Il momento più difficile però, lo viviamo nel tardo pomeriggio del 3 aprile quando i polacchi vogliono inspiegabilmente cambiare i programmi concordati da mesi. Condizionati dalle teorie di Piotr, decidono infatti di montare il campo e di rimanere alla base avanzata. È chiaramente una decisione sbagliata e pericolosa. Nessuno di noi ha ancora maturato l'acclimatazione sufficiente per sopportare senza rischi una simile quota. Freddi venti invernali infuriano ancora spazzando il ghiacciaio. La cosa più saggia è ritirarsi velocemente al campo base. Il comportamento adottato da Gervasoni, quando ha deciso di non proseguire perché non si sentiva bene, non viene seguito anche dagli altri membri della spedizione che sono nelle sue stesse condizioni.

Christian e io non abbiamo nessuna intenzione di fermarci a passare la notte quassù. Il vento strappa dalle mani i teli delle tende, pesanti nuvole nere corrono attorno alla vetta dell'Everest, mentre la mancanza d'ossigeno intorpidisce la mente ibernando ogni forma di ragionamento. Abbiamo abbastanza tempo per soffrire nelle settimane future e così, dopo aver aiutato un po' i compagni nel sistemare le tende che erano sempre sul punto di decollare verso il Makalu, ci incamminiamo nuovamente verso il campo base.

Nei giorni successivi andò a finire come doveva. Il campo avanzato fu distrutto, Zbignew Terlikowski venne colpito da una trombosi alla gamba destra e, rifiutandosi di tornare a casa, continuò a rischiare la vita nei cinquanta giorni di spedizione successivi rimanendo bloccato quasi un mese a 6300 metri. Anche il dottore ebbe problemi a una gamba. Nel suo caso non si trattò di una trombosi ma di flebite. Tirta, non avendo più un posto dove cucinare utilizzò un buco del ghiacciaio che avevamo coperto con un telo di plastica. In posizione da contorsionista preparò i nostri pasti al freddo e spesso sotto la neve, senza mai lamentarsi di niente, rimanendo allegro e dando prova di qualità umane e professionali veramente speciali. Per mangiare dovemmo sistemare al meglio la tenda cucina riuscendo a ottenere un piccolo spazio nel quale potevano trovare posto non più di cinque persone. Per sostenere i teli costruimmo muri con le pietre della morena. Fu un lavoro massacrante che mi procurò una punta d'ernia all'inguine.

E così la decisione degli amici polacchi determinò un bel guaio. Come inizio per una spedizione che voleva scalare l'Everest non era proprio niente male.

Glu glu glu glu...

Imprecazioni, insulti. Siamo circondati.

Galli della neve, pernici dell'Himalaya, qualunque sia il loro nome, da giorni non riusciamo più a dormire. È il periodo dell'amore. Non il nostro, purtroppo, ma di questi volatili invadenti e rumorosi. Da un po' di tempo hanno occupato il campo. Appena li ho visti arrivare ho pensato di costruire alcune trappole. Un arrosto di pernice era un regalo del Cielo veramente inaspettato. Ma quando Tirta si è accorto delle mie intenzioni è immediatamente intervenuto.

«Nella valle di Rongbuk gli animali sono sacri» mi ha detto.

«Ogni forma di vita lo è, va rispettata.»

Ho dovuto rinunciare all'arrosto e dimenticare ogni proposito di arricchire il menù quotidiano. Grazie al fatto di essere animali sacri, questi uccelli non sono cacciati dall'uomo e non hanno praticamente nemici. Ad aprile, con l'arrivo della primavera, inizia il loro periodo di riproduzione con danze di corteggiamento e canzoni d'amore che si protraggono dall'alba al tramonto.

Comunque, nonostante la confusione provocata dai nostri amici pennuti, due giorni trascorsi al campo base ci servirono per recuperare energie fisiche e mentali. Dopo aver installato il campo I ai 7000 metri del Colle nord, avevamo infatti deciso di concederci una pausa di riposo.

La valle nella quale scendeva il ghiacciaio orientale di Rongbuk era incassata tra ripide muraglie di roccia. Non c'era da stupirsi se Mallory, durante i suoi giri di esplorazione, non l'avesse individuata. Il famoso torrente che venne ignorato dall'inglese era ancora gelato. Per prendere l'acqua, Bhiman doveva scavare nel ghiaccio un profondo buco nel quale poter infilare un recipiente. Si trattava comunque di una situazione nettamente migliore rispetto a quella della base avanzata dove il povero Tirta era costretto a staccare il ghiaccio con la piccozza dai seracchi. Anche le condizioni ambientali erano completamente differenti. Il campo base era sulla terra, consentiva un tenore di vita più rilassato e, soprattutto, si trovava ottocento metri di dislivello più in basso. Alla base avanzata invece, oltre al fatto che le tende della mensa e della cucina erano distrutte e quasi inutilizzabili, il vento ci tormentava giorno e notte, il freddo impediva soste troppo lunghe all'esterno delle tende e la quota si faceva irrimediabilmente sentire. Il problema erano i quindici chilometri tra i due campi. Quindici chilometri di contorti saliscendi sul ghiacciaio che limitavano moltissimo la voglia di trasferirsi da un luogo all'altro. Il sospetto che un improvviso miglioramento del tempo potesse sorprenderci al campo base e non vicini al Colle nord, pronti a salire in vetta, era sufficiente a farci rimanere quasi sempre a 6300 metri. Soltanto due volte in tutto il corso della spedizione, Christian e io, sfiniti dalla permanenza in quota, decidemmo di trasferirci nel più accogliente campo base. Arrivavamo in questo luogo selvaggio e inospitale, situato cinquecento metri più in alto della vetta del Monte Bianco, come gli assetati del deserto possono arrivare in un'oasi. Terra, assenza di neve e ghiaccio. Increduli stavamo fuori dalla tenda mangiando le focacce ripiene preparateci da Bhiman e saccheggiando le nostre scorte speciali di viveri portati da casa. Persino lo sterco di yak, sparpagliato un po' ovunque, era gradevole per la "fragranza" campestre che si sostituiva all'onnipresente odore della neve.

Un artiglio invisibile afferra il ghiaccio e la neve creando nell'aria vortici bianchi. Con un ultimo movimento, esausto infiggo la lama della piccozza nel pendio della cresta e mi ci aggrappo per non essere travolto dal vento. Trenta metri sopra di me inizia il tratto roccioso della cresta nord. Mi trovo a 7600 metri, all'inizio della zona della morte, il luogo che Christian e io abbiamo scelto per il campo II. Alla mia destra l'immane appicco della parete nord dell'Everest riempie il cielo dell'Himalaya. La potenza della tormenta spinge verso l'alto compatte masse nevose che si innalzano frenetiche lungo il canalone Norton sfidando le leggi di gravità. È uno spettacolo che sgomenta e impaurisce.

Poco fa, durante la salita sopra il Colle nord, sono stato attirato verso il lato a ovest della cresta da un mucchietto informe multicolore.

"Che strano, - ho pensato - chi mai può avere messo una tenda in un posto così angusto ed esposto, proprio sul bordo della cresta?"

Così, per curiosità, ho percorso in diagonale i

venti metri che mi separavano dalla "tenda". Mentre camminavo, cercavo anche di osservare con più attenzione la grande parete nord nel tentativo di individuare una via per la vetta magari lungo il couloir Norton. Un'alternativa alla cresta nord-est era stata infatti al centro di lunghe discussioni al campo base e anche Piotr e Jozef, alcuni giorni prima, avevano tentato un'esplorazione per scoprire un itinerario che conducesse al Norton.

Shock. Stordimento. Incredulità. Sotto il mucchietto di teli colorati un pauroso teschio emerge tra la neve, rivolto verso il basso. Non è una tenda! Lo scheletro di un uomo si distingue tra vecchi vestiti rovinati dal tempo e imprigionati dal ghiaccio. Con tristezza osservo per qualche minuto quei pochi resti, cercando di immaginarmi gli ultimi momenti di vita di questo poveretto che deve essere morto di sfinimento nel tentativo di ritornare al Colle nord. Provo a non pensarci, a non farmi condizionare da quella macabra visione, ma i buchi neri delle orbite oculari e i denti ghignanti del teschio continuano a danzare nei miei pensieri per molte ore ancora.

La tenda si schiaccia, si deforma, si gonfia come un grande pallone. Sprofondati nei sacchi piuma aspettiamo, indecisi sul da farsi. La notte è stata terribilmente fredda, tutto è gelato e anche noi, nonostante le tute speciali, siamo intorpiditi.

«Con questo tempo è impossibile salire ancora» mormora Christian con voce flebile. Un velo di noia e di indifferenza appanna il suo sguardo. Da più di un mese aspettiamo il bello che non arriva. La nostra resistenza psicologica comincia a vacillare. Non ne possiamo più di questa attesa, della vita in tenda, del freddo, del vento. Tre giorni fa siamo partiti dalla base avanzata. Con noi sono saliti anche Piotr e un altro polacco, Richard Pawlowski. Dopo la faringite che ha colpito Jozef, hanno deciso di provare la vetta insieme. Pawlowski fa parte di una spedizione commerciale che vuole salire l'Everest con l'ossigeno e i portatori d'alta quota. Piotr da un po' di tempo non si sente molto bene e ha deciso di unirsi a Pawlowski provando la montagna con l'ossigeno. Ogni tanto, quando ci troviamo al campo base, mi guarda con occhi preoccupati perché teme, conoscendo le mie idee, che non approvi la decisione di usare le bombole. Però, sinceramente, non mi interessa niente di come salirà l'Everest. Ho già troppi problemi per i fatti miei.

«Dobbiamo decidere cosa fare» rispondo a Christian che, ormai, ha già in mente di scendere. Lo conosco bene, so cosa sta pensando in questo momento e so che ha ragione anche se continuo a nutrire qualche speranza di poter salire ancora verso il campo III. Dal sacco-piuma non giungono né una risposta né il minimo movimento.

I due polacchi si sono sistemati in una tenda austriaca di fianco alla nostra. Non hanno avuto nessuna alternativa in quanto ieri pomeriggio, arrivati a 7600 metri, si sono accorti che il loro deposito con la tenda, i viveri, le corde e il gas era sparito. Hanno impiegato un po' di tempo per rendersi conto di quanto era successo, poi, per trascorrere la notte, hanno chiesto ospitalità ai gentilissimi austriaci di Willi Bauer. Le supposizioni di chi possa essere l'autore del furto sono state molte ma non hanno portato a individuare nessun colpevole. Così come, alcuni giorni prima, non eravamo riusciti a trovare nessun responsabile quando era sparito un deposito di materiale con corde e chiodi lasciato a metà della cresta nord. Incredibile! La nostra spedizione sembrava essere la vittima preferita dei furti. Forse perché eravamo gli unici a non usare portatori d'alta quota? Per la prima volta dovevamo confrontarci con una realtà semplicemente disgustosa: rubare materiali su un Ottomila costituiva uno degli atti più vigliacchi che alpinisti o sherpa potessero compiere. E anche uno dei più pericolosi.

«Vado a vedere cosa fanno gli altri e com'è realmente il tempo» dico a Christian che si limita a rispondermi con un grugnito di indifferenza.

Piotr e Richard sono ancora in tenda. Non hanno neppure iniziato a farsi il tè nonostante si sia già fatto giorno.

L'interno della tenda austriaca è foderato da uno spesso strato di ghiaccio da condensa. I due polacchi sono interamente ricoperti da un cristallino mantello di brina. Sembrano orsi polari in letargo. I loro occhi sono spenti e svogliati, cerchiati da profonde occhiaie all'interno di un viso pesto e gonfio. Non hanno certo trascorso una notte piacevole.

Il gelo avvolge ogni cosa mentre il vento dell'Everest urla la sua potenza. Durante il breve tragitto che separa le nostre tende ho capito che qualsiasi proposito di salita è impossibile. Nessun essere umano potrebbe scalare in simili condizioni. I polacchi però, non vogliono scendere.

«*Wind is no problem*[20]» mi dice con tono volutamente tranquillo Piotr.

«*Wind is no problem*» dico a Christian quando, rientrando in tenda, gli riferisco la risposta dei compagni.

«Sono matti! Io scendo.» E di colpo esce dal sacco-piuma.

Per fare il tè, prepararci, sistemare la tenda ancorandola il meglio possibile, passano ore. Quando siamo pronti e ci ritroviamo all'aperto vediamo Pawlowski dieci metri sopra di noi sulle prime rocce della cre-

[20] Il vento non è un problema.

sta. Gonfio nella sua tuta di piuma barcolla come un astronauta sulla luna. Lo vedo strisciare lentamente da roccia a roccia come ripreso al rallentatore. Pochi movimenti alla volta, goffi e incerti. Dense strisce di colore bianco cupo e pennacchi di neve passano urlando e avvolgono le rocce coprendo a intermittenza la cresta nord.

Pawlowski sparisce e riappare in continuazione, frustato dal vento e dalla neve. Voglio allontanarmi da questa montagna cavalcata dal diavolo.

Quando stiamo per iniziare la discesa vedo il polacco ritornare sui suoi passi.

«*Terrible*» mi urla sgomento.

«*Terrible*» ripete mentre il più velocemente possibile cerca di arrivare alla tenda austriaca.

"*Wind is no problem*" penso ancora una volta.

Christian si è già fiondato come una palla di fucile giù per la cresta. Urlo a Piotr le nostre intenzioni e cerco con tutte le mie forze di togliermi da quel luogo tormentato. Correndo sui ripidissimi scivoli ghiacciati della cresta nord scappiamo verso la sicurezza del campo. Quando arrivo all'altezza del teschio cerco di non pensarci.

"Lui è già morto, non puoi più fare niente per aiutarlo, cerca solo di non fare la stessa fine" mi dico scordando il mondo circostante.

In meno di due ore arriviamo alla base avanzata. Marek e Zbignew non vogliono credere che siamo riusciti a scendere tanto rapidamente. Alcuni alpinisti delle spedizioni commerciali impiegano anche due giorni per tornare dal campo II. Ma a dover stupire è il loro tempo, non il nostro.

Siamo stanchi, delusi, depressi. Quando eravamo partiti per la vetta, pensavamo fosse la volta buona e, invece, eccoci nuovamente ad aspettare sapendo di dover rifare tutto daccapo.

«Baza, baza, Piotr odbior[21].» Ora del collegamento radio con i compagni rimasti sulla cresta. Zbignew afferra il walkie-talkie e comincia la conversazione. Al termine del collegamento, Marek mi traduce in inglese quanto sta succedendo. Piotr e Richard hanno deciso di rimanere al campo II e aspettare un miglioramento delle condizioni atmosferiche. Non vogliono scendere. Non si sentono abbastanza in forma per ritornare alla base avanzata. La loro è una decisione pericolosa. Con un nuovo peggioramento del tempo correrebbero il rischio di rimanere bloccati e, in ogni caso, una lunga permanenza a quote così elevate comporta pericoli altrettanto elevati.

«Domani vogliono provare a salire» dice Marek con un sorriso preoccupato.

Il giorno seguente tutto è immutato. Bufera, freddo, dalla base avanzata possiamo vedere il Colle nord "fumare" senza sosta. Le condizioni sulla cresta devono essere spaventose. Da un nuovo collegamento - gli appuntamenti via radio si susseguono regolarmente ogni due ore dispari - veniamo a sapere che i due hanno fatto un deposito di materiale cento metri più in alto del campo II e sono rientrati alla tenda austriaca. Per fare il deposito hanno utilizzato l'equipaggiamento della spedizione alla quale è aggregato Pawlowski. Il nostro materiale rubato infatti non si riesce ancora a trovare.

«Bisogna proprio avere una bella testa» sbotto con nervosismo quando Marek mi comunica la decisione presa da Piotr e Richard di continuare a percorrere poche centinaia di metri al giorno. Aspettare nei campi in quota è sempre stata una cosa che odio. Piotr, invece, ama particolarmente le lunghe attese al freddo nelle scomodissime tendine d'alta quota.

[21] Campo base, campo base, Piotr, cambio.

All'alba dell'11 maggio una grande confusione, con urla e applausi, ci sveglia di soprassalto. Al campo dei giapponesi, situato poche decine di metri sotto il nostro, è successo qualche cosa di importante. E non tardiamo a sapere di cosa si tratta. Una loro cordata è appena arrivata sulla vetta dell'Everest. La prima della stagione e per la prima volta percorrendo integralmente la cresta nord-est, dal Rapiu-La alla cima. La stessa via sulla quale, nel 1982, scomparvero i formidabili alpinisti inglesi Joe Tasker e Peter Boardman che, tuttavia, affrontarono la montagna senza ossigeno e in tutt'altro stile rispetto ai giapponesi. Più che un successo giapponese infatti, è un successo degli sherpa: hanno lavorato sulla montagna per più di un mese, trasportando quintali di materiale, migliaia di metri di corde fisse e molte bombole d'ossigeno. È una spedizione del passato, arcaica, un dinosauro vivente. Non è un passo avanti ma indietro. È l'imitazione di uno stile che, se aveva ragione di esistere negli anni Cinquanta o Sessanta, oggi è inutile e superato.

Quello che vedo quando apro l'abside della tenda mi blocca per un attimo il respiro. Cielo blu da tutte le parti e, soprattutto, niente vento. Nessun pennacchio di neve al Colle nord o sulla cresta. Calma assoluta. È la prima volta dopo quaranta giorni. Un urlo strozzato mi esce dalla gola mentre una scarica elettrica attraversa muscoli e ossa. Christian continua a dormire incurante di ogni mio incitamento. Poi, con voce assonnata, risponde che avevamo deciso di partire l'indomani e quindi oggi, lui, non ha intenzione di muoversi. So che, appena sveglio, non è molto reattivo, ma questa sua apatia mi manda letteralmente su tutte le furie.

"È incredibile, aspettiamo da settimane le condizioni per la vetta e ora resta a dormire" penso mentre barcollo sui sassi della morena in direzione della tenda-cucina. L'arrivo in vetta dei giapponesi ha portato scompiglio in tutte le tende a eccezione della nostra, dove Christian continua a riposare imperturbabile. Decido di partire ugualmente, da solo. Quando comincio a vestirmi, esce dal letargo notturno e con voce sorpresa domanda cosa stia facendo.

«Mi preparo per salire, cosa vuoi che faccia!?»

«Vengo anch'io!»

«Alla buon'ora!!»

Una figura umana si staglia netta sul ghiaccio della cresta nord. È da un po' che la sto "puntando" ma per avvicinarmi faccio molta fatica. Finalmente, dopo l'ennesimo "strappo", riesco ad affiancarla.

«Hallo» saluto cordialmente.

«Hallo» risponde una voce femminile, cortese e simpatica, prima che una potente soffiata di naso schizzi improvvisa sulla neve davanti ai miei scarponi.

«Vuoi un pezzo di carta?» chiedo con fare gentile. Che diamine, anche se siamo in montagna, un po' di cavalleria non guasta di certo.

«No grazie - risponde la ragazza - faccio benissimo con le dita.»

"Già, lo vedo" penso riprendendo a salire.

«Bye.»

«Bye.»

Christian mi segue a passo di carica.

«Meno di due ore dalla base avanzata al Colle nord e quasi lo stesso tempo per arrivare al campo II, proprio niente male.»

«Ma per oggi basta» sbuffo facendo piombare lo zaino nell'entrata della nostra tendina a 7600 metri, miracolosamente illesa dopo i giorni di tempesta.

«Domani con tutto il campo sulle spalle sarà un'altra musica.»

Piotr e Richard oggi sono finalmente arrivati a 8200 metri di quota, dove hanno installato il campo III. Le fatiche di Sisifo al confronto delle loro dovevano essere dei semplici esercizi di riscaldamento. Comunicano per radio il programma. Stanno ancora abbastanza bene e domani tenteranno la vetta.

La nostra radio ricetrasmittente non vuole saperne di funzionare. Nonostante il campo II sia "a vista" con la base avanzata, dal pomeriggio del 12 maggio non riusciamo più ad avere un contatto.

L'alta pressione sembra consolidata. L'aria è calma. La ragazza che abbiamo superato sul pendio nevoso della cresta nord non si è fermata all'altezza della nostra tenda, ha proseguito lungo le rocce dove evidentemente ha il suo campo. Sembra che salga da sola e che sia molto brava, almeno da come si muove su questo terreno infido e pericoloso.

«Alison» si presenta con una stretta di mano. Ha messo il suo bivacco poco distante dal nostro. Oggi è stata una giornata durissima per tutti. Di primo mattino abbiamo smontato la nostra tendina e ci siamo diretti verso l'alto. Gli zaini pesavano enormemente. Procedere con quindici chili sulla schiena fino a 8200 metri di quota, è stata una fatica improba. Avevamo percorso scoscese creste di roccia e attraversato ripidi nevai. Salendo leggermente in diagonale verso la parete nord, ci avventurammo sull'ultimo tratto della cresta nord che doveva condurci all'inizio della famosa "Fascia Gialla". Si rivelò una salita penosa, sfibrante: lo sforzo fisico, unitamente alla mancanza d'ossigeno, aveva esaurito le energie facendomi cadere in uno stato di torpore e spossatezza che mi impediva di capire esattamente dove fossi e cosa stessi facendo. L'unico concetto chiaro e presente era quello di raggiungere al più presto il luogo dove mettere il campo

III per poter togliere lo zaino. In quei momenti non riconobbi chi fosse quella donna che voleva scalare l'Everest da sola. Non sapevo nemmeno del suo progetto di salire Everest, K2 e Kangchenjunga nel giro di poco tempo. Soltanto dopo la nostra ascensione riuscii ad inquadrare l'alpinista inglese Alison Hargreaves, che sarebbe morta tre mesi più tardi sul K2, anche con alcune, inaspettate, sorprese.

Il fornelletto ronza asfittico. Sputacchiando in continuazione si rifiuta di preparare l'acqua per il tè. Abbiamo montato la nostra tenda con fatica e, come sempre, attrezzare il campo si è rivelata una delle cose più dure di tutta la scalata. L'abside è stata sistemata proprio in direzione della vetta in modo da poter osservare attentamente le condizioni atmosferiche della piramide sommitale. Da qui sembra vicina, a portata di mano, chissà invece quanto è veramente lontana.

Per la prima volta durante le mie spedizioni himalayane non riesco a far funzionare il fornello. La sua fiammella non è abbastanza potente per sciogliere la neve. In ore di attesa ottengo solamente due dita d'acqua tiepida. Uno dei problemi maggiori in alta quota è rappresentato dalla disidratazione in quanto l'aria che si respira è completamente priva di umidità. La conseguenza di un simile fenomeno è che l'organismo, attraverso le vie respiratorie, "cede" l'umidità del corpo all'aria inalata. Il sangue quindi, denso per la grande quantità di globuli rossi determinata dalla mancanza d'ossigeno, si ispessisce ancora di più mettendo l'alpinista in una situazione di notevole pericolo. Bere diventa l'unico modo (insieme all'ossigeno supplementare) per limitare i rischi dell'alta quota. Però, se non si hanno le bombole d'ossigeno e se il fornello non funziona...

Da alcuni minuti osservo due puntini muoversi lentamente in discesa lungo la "Fascia Gialla", appena al di sotto della cresta nord-est. Piano piano, con molta calma, le due masse colorate si avvicinano al campo III. A metà pomeriggio Piotr Pustelnik e Richard Pawlowski arrivano alla loro tenda, pochi metri sotto la nostra. Ce l'hanno fatta. Sono saliti sul punto più alto del mondo utilizzando l'ossigeno. Piotr, come in trance, continua a ripetere che la cresta terminale è infinita, lunghissima, che la montagna è troppo alta, che tutto è al di fuori della dimensione umana. Si siede su una grossa pietra poco distante da noi, prosciugato, rinsecchito. Gli faccio i complimenti, lo incoraggio a tenere duro perché a 8200 metri di quota non ci si può sentire "a casa", bisogna scendere ancora molto.

Caro amico! Vorrei uscire, abbracciarlo, urlargli la mia felicità per il suo successo. Per farlo, tuttavia, dovrei mettermi gli scarponi, alzarmi. Troppa fatica. Parlo con lui per qualche minuto ancora, poi ci salutiamo e richiudo la tenda separandomi così, insieme a Christian, dal resto del mondo. Adesso noi due siamo soli e il ritorno fra i nostri simili potrà avvenire unicamente dopo aver raggiunto il confine del mondo.

Piotr e Richard, malgrado siano molto stanchi, non vogliono fermarsi al campo III. Lasciano la tenda per i compagni di spedizione di Pawlowski e continuano la discesa. Scompaiono dietro la piazzola come due fantasmi dissolti dal primo mattino, ingoiati da un ripido canalino nevoso.

È ormai notte quando il nostro riparo di nylon è scosso da un'improvvisa, lieve, corrente d'aria. Appena l'avverto mi viene subito in mente la scalata al Dhaulagiri quando, nell'attesa all'ultimo campo, le condizioni meteorologiche avevano iniziato a cambiare con poche raffiche di vento. Tutto il mio essere è in tensione, di riposare neanche a parlarne. È la seconda notte che non dormiamo neanche un minuto.

Vivo i momenti di attesa come se mi trovassi in un altro luogo. Non riesco a capacitarmi di trascorrere effettivamente questo tempo sulla più alta montagna della Terra. È come se niente fosse reale, come se il mio corpo e il mio spirito appartenessero a un altro. Quello che avevo letto nei libri sull'ultima notte all'Everest prima della cima, non corrisponde alle mie esperienze.

La nostra tendina è sistemata in una posizione molto angusta, esposta sul ripido pendio roccioso della parete nord. Attraverso il sottile fondo di plastica avverto, sotto il materassino espanso, sassi e pezzi di ghiaccio. I teli si comprimono sul viso che sporge dal sacco-piuma, le gambe sono rannicchiate, tutto è odiosamente scomodo. Dal soffitto cadono in continuazione piccoli e leggeri veli di ghiaccio che sommergono ogni cosa. Così, come un vegetale sofferente, resto in attesa di quel momento sognato per tutta la vita e vissuto adesso con la più semplice naturalezza.

Sono stupefatto nel rendermi conto che anche l'Everest non appartiene al mondo del fantastico. Ma al momento non do molta importanza a queste sensazioni. Nel cuore e nel cervello domina onnipotente e incontrastato il pensiero della vetta.

Essere quassù senza ossigeno mi sembra assolutamente normale. Non avverto niente di strano, nessuna sensazione di paura. E forse è proprio per questo che è così pericoloso. Sentirsi normali anche quando ci si trova a 8000 metri, dove l'organismo umano non può che sopravvivere per pochi giorni o addirittura solo per qualche ora, vuol dire aver perso la coscienza del confine tra la vita e la morte.

Tutti i miei sensi sono concentrati sull'aria proveniente dalla vasta parete nord. In queste poche ore ci stiamo giocando le fatiche di due mesi di spedizione e i sogni di molti anni. Se il tempo dovesse peggiorare e fossimo costretti a ritornare al campo base non avremmo più la forza di risalire.

Nel pomeriggio Alison ci aveva detto che sarebbe partita alle due di notte.

«Noi partiamo alle tre, - avevo replicato - alle due fa ancora troppo freddo e mancano ancora almeno due ore al sorgere del sole. Se vuoi venire con noi non ci sono problemi.»

Alle due iniziamo a prepararci. Accendo il fornello e con i pezzi di ghiaccio raccolti il giorno prima tento di fare un po' d'acqua. La volta del cielo è piena di stelle scintillanti, limpida come mai avevo visto prima. Non avremmo potuto sperare di meglio per il nostro grande giorno. Il freddo però è paralizzante e i minuti volano senza accorgersene.

Alle tre il gelo e i timori generati dal buio della notte ci inducono a rimandare la partenza di un'altra ora.

«Alison, fa ancora molto freddo, troppo. Ritardiamo la partenza di un'altra ora» le dico mentre osservo il suo viso che sporge dalla tenda illuminato dalla mia frontale.

«Va bene, aspettiamo» risponde con calma.

Quattro e trenta del mattino del 13 maggio. Siamo in ritardo di mezz'ora. Per uscire, montare i ramponi e chiudere la tenda abbiamo perso molto tempo. Come si è lenti sopra gli Ottomila! Verso oriente un debole chiarore sale fiaccamente all'orizzonte. È ora di iniziare la scalata. Christian vuole portare uno zaino che dovremmo dividerci salendo. Sono contrario, l'ultimo "balzo" verso la cima preferisco farlo senza pesi, infilando nella tuta i pochi ricambi necessari, ma discutere quassù è troppo faticoso e muovo così i primi passi verso l'alto con lo zaino in spalla.

Alison ha aspettato che partissimo, poi ha iniziato a seguirci.

Ripidi gradoni di roccia si alternano a sottili canalini di ghiaccio. Procediamo con regolarità, facilitati anche dalla presenza di alcune corde fisse che troviamo lungo tutta la "Fascia Gialla". Quando arriviamo sulla cresta nord-est siamo a circa 8400 metri di quota. La via da seguire è molto logica, tranne che in corrispondenza dei due risalti: i famosi "first e second step", dove la montagna tende a ingannare gli alpinisti con invitanti cenge orizzontali che portano nel complicato e infido couloir Norton.

La luce del giorno illumina già il cielo dell'alta quota. La piramide sommitale dell'Everest si alza bianca e slanciata dietro il secondo risalto. Ci muoviamo immersi in una dimensione siderale, circondati da una natura magica, determinati a sfruttare questa possibilità forse irripetibile. Il Makalu e il Kangchenjunga ci tengono compagnia durante un'ascensione che ormai non ha più attinenza con la nostra realtà.

Salendo di quota non avverto nessuna particolare difficoltà legata all'altitudine. Nessun "muro", nessun cambiamento di ritmo. Lo sforzo e la fatica sono uguali a quelli provati nel corso delle precedenti spedizioni. Forse dipende dalla concentrazione con la quale affronto ogni passaggio. Isolato dall'esterno penso unicamente alla scalata, ad andare sempre più su. Non mi interessa nemmeno superare il "record" personale di altezza costituito dagli 8201 metri del Cho Oyu. Voglio fermarmi soltanto sulla vetta.

Christian, da quando abbiamo raggiunto il filo della cresta nord-est, è passato davanti e ha preso definitivamente lo zaino. È in forma perfetta, si muove con grande determinazione verso il "suo" Everest. Ogni tanto ci ricongiungiamo per poi allontanarci subito dopo, ognuno con il proprio ritmo, da soli e insieme nello stesso momento. Non riesco più a esaminare i luoghi, a ricordarmi la storia, a riconoscere la montagna. Soltanto salire, salire...

Qualche volta mi avvicino troppo all'orlo della cresta e, sempre con una stretta allo stomaco, mi ritraggo spaventato dal vuoto senza fine del versante Kangshung.

«Noi abbiamo due gambe, una è l'Himalaya e l'altra è la famiglia. Se ci manca una di queste due gambe non riusciamo né a camminare né a progredire.»
Piotr Pustelnik

Due sovrascarponi rossi sporgono sopra il mio capo stagliandosi acrobaticamente nel blu cobalto del cielo. Il pendio nevoso sotto la cima si è sempre più raddrizzato fino a diventare estremamente ripido. Forse supera i 70 gradi di pendenza. Il tratto terminale della montagna ci sta riservando sorprese inaspettate per quanto riguarda le difficoltà tecniche. Sotto uno spesso strato di neve farinosa affiora una dura lastra di ghiaccio che i ramponi mordono appena. Ci troviamo all'uscita del cono sommitale, a 8800 metri di quota. Avremmo dovuto tenerci sul versante nord invece di proseguire lungo la cresta restando sopra la parete est.

Christian, che è appena più in alto di me, cerca di raccogliere le energie per scalare gli ultimi metri che ci separano dal piano tratto finale. Con una impressionante spaccata raggiunge una grossa roccia che gli consente un po' di riposo. Poi, con movimenti nervosi, guadagna il filo di cresta. Al sicuro.

Non guardo verso il basso, non voglio immaginare neppure dove sono, l'intorpidimento mentale causato dalla mancanza d'ossigeno mi aiuta notevolmente in questo senso e, forse, mi aiuta anche a superare un passaggio che in condizioni normali, slegato, non riuscirei a fare.

Al limite della resistenza, in apnea, supero di slancio gli ultimi metri della parete. Compio ogni gesto meccanicamente, senza pensare, dando ogni energia del mio essere per sfuggire al muro di ghiaccio. Con forza pianto il rampone sulla roccia utilizzata da Christian e mi ribalto sfinito sui tranquilli e sicuri pendii del versante settentrionale. Con la testa appoggiata alla piccozza, ansimando freneticamente, aspetto che la vita ritorni lentamente nel corpo e nello spirito. Christian, intanto, è già ripartito verso la cima. Sappiamo che non deve mancare molto.

Gobbe, conche, lastroni contorti, onde di ghiaccio, sono i muti testimoni di una natura sconvolta dalle bufere. Gigantesche cornici di neve compatta sporgono, simili a immensi riccioli di panna montata, sopra la parete est. I ramponi mordono con sicurezza i duri pendii della cresta finale. A ogni nuovo risalto che supero spero di vedere la vetta. Contrariamente a quanto credevo sono calmo e rilassato, non sono scosso da nessuna emozione violenta, procedo tranquillo senza vivere speciali stati d'animo. Forse non mi capacito di realizzare il sogno di ogni alpinista. Non mi accorgo di dar vita a uno dei miei desideri più vivi. Per anni, almeno una volta al giorno, ho pensato a questa montagna e alla sua cima, a come fosse fatta, a cosa si dovesse provare nel raggiungerla. È l'utopia che diventa realtà.

All'improvviso, superato l'ennesimo dosso di neve, scorgo la vetta. Christian è appena arrivato di fianco al treppiede di misurazione lasciato dagli italiani nel 1992. Proseguo piano, senza particolare fatica. Nessun ostacolo mi separa più dall'Everest.

Alle 11.45 del 13 maggio sono in vetta. La montagna è finita. Le tre grandi creste dell'Everest si congiungono su pochi metri quadrati di neve. La cima, il punto di unione di tutte le linee di una montagna. Non provo delusione né particolare gioia, sono semplicemente tranquillo, forse un po' incredulo di trovarmi veramente sull'Everest. Verso sud spunta il Lhotse, più a est il Makalu, sullo sfondo il Kangchenjunga. A nord-ovest il Cho Oyu e il Giakung-Kang. Abbraccio Christian per festeggiare questo successo che abbiamo preparato e realizzato insieme. L'amico scatta fotografie a mitraglia cambiando tre rullini di diapositive.

Dopo mezzogiorno arriva anche Alison. Ci abbracciamo e congratuliamo a vicenda prima che inizi il collegamento radio con il suo campo base.

Mi fermo sulla vetta per tre quarti d'ora. Camminando avanti e indietro continuo a osservare il panorama mentre resto sempre in "ascolto" del mio organismo cercando di individuare eventuali "guasti" conseguenti alla mancanza d'ossigeno. Tutto sembra funzionare regolarmente, anche il cervello è meno intorpidito del solito, i pensieri fluiscono bene, la capacità visiva è a posto, la coscienza è presente e vigile. Non senza stupore mi rendo conto di star bene, meglio, sicuramente, che in precedenti scalate.

La famosa cresta sud-est, lungo la quale si svolse la prima ascensione di Hillary e Tenzing, si adagia mollemente per alcuni metri in direzione del Lhotse poi, con un salto improvviso, sparisce alla vista. Vorrei provare a scenderla per riuscire a vedere la cima sud e per osservare meglio l'uscita della parete sud-ovest, ma qualcosa mi trattiene. La parte finale della cresta ovest e della parete nord sono invece rocciose con poche chiazze di neve. Qualche metro sotto la cima prendiamo alcune pietre per ricordo.

Quassù non siamo arrivati proprio da nessuna parte, la vera meta è il campo base. La vetta è solo una stazione intermedia, il cambio di direzione, non il punto di arrivo. Forse è proprio il pensiero della discesa che mi impedisce di avere emozioni troppo forti, di lasciarmi andare. Istintivamente cerco di rimanere concentrato per non commettere errori durante il ritorno.

Alle 12.30 lasciamo la vetta. Senza dolore o rimpianti.

Arriviamo in prossimità del salto a 8800 metri. Sulla parete nord un cordino verde sparisce tra le rocce. Soltanto al campo base sapremo che era stato messo da Piotr per facilitare quel tratto che noi avevamo inconsapevolmente evitato scalando il ripido muro di ghiaccio. Anche tornando preferiamo seguire il nostro itinerario nonostante le difficoltà e il notevole pericolo. L'ignoto è sempre un deterrente fortissimo.

Man mano che scendo divengo preda di uno stato di sfinimento totale mai provato in precedenza. Ogni movimento mi costa uno sforzo terribile e, dopo soli tre o quattro passi, devo fermarmi per riprendere fiato. Ecco la differenza tra l'Everest e le altre montagne: qui il problema è scendere, non salire.

Quando raggiungiamo la tenda del campo III è ancora pomeriggio, alcune ore di luce ci consentirebbero di perdere nuovamente quota ma fino al Colle nord, a 7000 metri, non abbiamo più campi. Christian vorrebbe continuare ma quando vede che sono intenzionato a rimanere decide di fermarsi per non lasciarmi solo.

So che a 8200 metri di quota non è possibile riposare, domani se non vorrò rimanere per sempre sull'Everest dovrò raggiungere direttamente la base avanzata.

La notte è stata terribile. Non siamo riusciti a dormire neanche un momento e, cosa peggiore, non siamo riusciti a far funzionare il fornello. Per la seconda notte consecutiva non abbiamo bevuto quasi niente. Siamo completamente disidratati. Il nostro sangue deve aver raggiunto la densità del miele, la lingua è gonfia e secca. Quando esco dalla tenda sento di non avere più energie. Resto in piedi come un sacco vuoto e ansimo sfinito solo per il fatto di essermi alzato. Non ho nessuna intenzione di prendere la tenda. Vorrei abbandonarla per riuscire a scendere più velocemente ma Christian, che sta ancora bene, non ne vuole sapere. Trasporteremo al campo base il nostro equipaggiamento e lui prenderà la parte più pesante.

Fuggo dalla montagna come un ladro inseguito dalla legge. Barcollando, fermandomi in continuazione, esausto. Ogni singolo muscolo è impegnato in questa discesa alla vita. Quando sono uscito dalla tenda mi è venuto naturale un pensiero: "Marco, questa volta se vuoi veramente tornare a casa devi dare fondo a tutto quello che hai".

La tortura che non avevo vissuto in salita la provo adesso. Riuscire a trovare, dopo ogni sosta, l'energia per proseguire diviene un calvario. I tratti di scalata che durante la fase di acclimatazione facevo in pochi minuti adesso richiedono molto più tempo.

Quando raggiungo il Colle nord ho superato anche la fase di sfinimento. Semplicemente non avverto più niente, né fatica né sete, come se non avessi un corpo. Rimango seduto nella neve inebetito.

Passando di fianco al teschio ho capito che non avrei fatto quella fine. Sarei sceso. Stanco, distrutto, sfinito, trascinandomi sulle ginocchia e sui gomiti ma sarei sceso.

Nel tardo pomeriggio raggiungiamo il ghiacciaio e incontriamo Tirta. Piotr gli ha chiesto di venirci incontro per qualsiasi eventualità e lui ci aspetta con il suo solito sorriso allegro e simpatico. Abbiamo disceso quasi duemila metri di dislivello. Siamo riusciti a sfuggire alla montagna e a tre notti senza ossigeno nella zona della morte. Però il nostro corpo ha dovuto pagare un prezzo molto alto. Come era naturale.

Tirta prende il mio zaino e si incammina, seguito da Christian, verso le tende che distano ancora circa venti minuti.

Quando si sta bene.

Il sole inizia a tramontare. Un passo, due, tre.

Mi devo fermare a riposare seduto su un sasso. Da qualche minuto, a ogni sosta, vedo sulla prima roccia che fisso con lo sguardo una grossa lettera dell'alfabeto. Cerco di leggerla ma il fatto che sia arabescata mi crea qualche difficoltà. Una "A" tutta contorta, poi un'altra lettera e un'altra ancora. A ogni nuova sosta vedo un mondo di lettere con ornamenti ricercati che appaiono sui sassi della morena.

"Guarda, le pagine della Bibbia!" penso stupito mentre le osservo.

Sta diventando buio e io mi muovo come una lumaca verso la base avanzata.

Christian e Tirta saranno già arrivati alle tende.

"Va ancora bene, ti riesci a reggere in piedi e fai due o tre passi alla volta, in questo modo prima o poi arrivi."

L'importante è non fermarsi.

Non provo paura né apprensione. Sono calmo, rilassato come dopo un lungo sonno. Vivo perfettamente in armonia con il ghiaccio e la roccia, con il freddo e il buio della notte imminente.

Le soste, leggendo le "lettere della Bibbia", si protraggono sempre più a lungo. Riuscire a fare tre passi diviene ogni volta più difficile. A un certo momento, alzando lo sguardo, da dietro una collinetta del ghiacciaio vedo Piotr che si avvicina. Ne ero sicuro, sapevo che quando avrebbe visto arrivare solo

Christian e Tirta mi sarebbe venuto incontro.

Ci abbracciamo commossi e felici.

«Christian sta bene, è arrivato al campo.»

Scambiamo poche parole per comunicare lo stretto indispensabile. La sua presenza mi fa sentire a casa. Due anni prima, arrivati alla base della parete sud-ovest dello Shisha Pangma, ci eravamo trascinati per ore tra le morene, ridotti allo stremo, senza più energie, completamente disidratati, cercando di raggiungere il nostro campo base dopo aver visto gatti neri, draghi, uccelli, cani e piante verdi. Non abbiamo bisogno di dire nulla, basta solo uno sguardo per capire tutto. Piotr ride divertito quando, dopo una serie dei soliti tre passi, cerco di fargli leggere le lettere della Bibbia sulle rocce dell'Everest.

«Va bene Marco, sono molto belle - mi risponde gentile - adesso quando arriviamo Tirta ti darà il tè.»

Christian si è svegliato di soprassalto, ha emesso un urlo rauco e festoso e mi ha abbracciato con forza. Poi siamo sprofondati nei sacchi piuma cadendo in un letargo profondo.

Il mattino dopo, appena sveglio, è stato come tentare di avviare un vecchio motore arrugginito. Gli occhi erano incollati e gonfi, la lingua secca, spaccata, con le piaghe aperte. Braccia e gambe dure come il piombo. Ma il peggio erano i polmoni. La cassa toracica pesava come un macigno mentre un sibilo acuto usciva dalle labbra rinsecchite. Il cervello, simile ad un bradipo addormentato, cercava di formulare almeno un pensiero elementare in un tempo inferiore all'ora.

Mi ero messo su un sasso di fianco alla tenda, alla luce del sole. Guardando fisso le pietre davanti a me godevo del privilegio dell'immobilità. Lo spirito aveva assorbito come una spugna la vita regalata dal riposo notturno e dall'ossigeno denso e abbondante dei 6300 metri di quota. Durante la mattinata era comparsa Alison. Stava scendendo al campo cinese per ritornare a casa. Salutandoci festosamente parlammo della nostra vita e dei nostri programmi futuri e ci scambiammo gli indirizzi per mantenere i contatti una volta ritornati in Europa. Quando tornai a Milano la stampa di tutto il mondo aveva divulgato la notizia della grande impresa solitaria sull'Everest di Alison Hargreaves. Christian e io rimanemmo un po' sorpresi. Nel mese di agosto dello stesso anno i mass-media diffusero la notizia della morte di Alison avvenuta sul K2. Era precipitata in discesa durante una tormenta dopo aver raggiunto la vetta[22].

Mi vennero in mente le ultime parole che pronunciò alla base avanzata dell'Everest: «Adesso torno a casa dai miei figli, resto due settimane con loro, poi vado al K2».

Alla base avanzata c'è aria di smobilitazione, il 18 maggio, infatti devono arrivare gli yak per scendere a valle. Intanto si stanno consumando le ultime fasi di un'altra vicenda che rischia di diventare drammatica. Zbignew Terlikowski, dopo essere stato colpito durante i primi giorni di aprile da una trombosi alla gamba destra, non ha voluto tornare a casa. Ha deciso di fermarsi alla base avanzata, trascorrendo più di un mese immobilizzato nella tenda in compagnia di Marek che, quotidianamente, lo ha curato con molte iniezioni. Nell'unico momento in cui le medicine hanno fatto effetto Zbignew, invece di scendere velocemente

[22] Il 13 agosto 1995 sette alpinisti morirono sul K2 in seguito a una fortissima bufera scatenatasi sulla montagna. Con Alison Hargreaves non torneranno uno statunitense, un canadese, tre spagnoli e un neozelandese.

come il dottore gli suggeriva, ha preso uno zaino ed è partito con molti chili di equipaggiamento sulle spalle verso il Colle nord per fare un deposito. Una vita trascorsa a sognare l'Everest è stata più forte di tutte le paure per una grave malattia. Il risultato, forse inevitabile, è stato quello di ricadere in una condizione ancora più grave. Nonostante ciò, probabilmente "accecato" dall'Everest, ha insistito per rimanere alla base avanzata nella speranza di un nuovo, più duraturo, miglioramento.

Mentre noi eravamo impegnati sulla montagna il dottore riuscì, dopo un mese, a convincerlo a scendere. Organizzare i soccorsi si rivelò una faccenda tutt'altro che semplice. Alcuni portatori tibetani arrivarono dal campo cinese ma durante la discesa abbandonarono Zbignew a metà ghiacciaio. Camminando, a prezzo di grandi sofferenze e rischi, Terlikowski riuscì a raggiungere il nostro campo base, poi quello cinese e da qui, con una jeep, ad arrivare, tra mille altre tribolazioni, a Kathmandu alcuni giorni più tardi. Durante la nostra scalata non venimmo a sapere nulla della situazione né Piotr, unico alpinista rimasto alla base avanzata, ci volle informare di quanto stava succedendo. Preferì lasciarci tranquilli per riprendere meglio le forze.

Il nostro ritorno verso la capitale nepalese fu, come spesso succede alla fine di ogni spedizione, un'autentica fuga a rotta di collo. La sera del 19 lasciavamo anche il campo cinese e la valle di Rongbuk per andare a Kathmandu in giornata. Dopo un terribile viaggio notturno attraverso passi e altopiani del Tibet e dopo essere rimasti senza benzina in prossimità di Tingri, giungemmo al mattino del 20 maggio a Nyalam, lasciata quasi due mesi prima. E scoprimmo che tra questo villaggio e Zangmo una gigantesca frana aveva distrutto la strada. Restammo bloccati per un'intera giornata. Solo avvalendoci dell'aiuto dei portatori tibetani fummo in grado di proseguire verso la capitale nepalese.

Tra Zangmo e Kodari dovemmo cambiare ancora due volte il nostro mezzo di trasporto. Nella notte del 21 maggio entrammo sfiniti, sporchi e puzzolenti nella hall del nostro albergo a Thamel[23]. Sulla porta ci aspettavano Marek e Zbignew, belli, puliti e profumati, con in bocca un gigantesco, impressionante, sigaro.

Anche per noi era finalmente arrivato il momento di fare una doccia.

[23] Quartiere turistico a Kathmandu.

K2, Fine di un'Epoca

Lentamente il sole inizia a calare sull'orizzonte. Non c'è vento, solo un po' d'aria che alza pennacchi di neve sul filo di cresta. I colori del cielo cambiano. Diventano più deboli, meno definiti. È iniziato il tramonto.

Siamo a 8500 metri di quota, sulla parete nord del K2, vicino alla vetta. Il ripido canale appena superato ci ha fatto perdere molte ore. La nostra traccia è una galleria scavata nella morbida e soffice neve della piramide sommitale della montagna. A volte arrivava fino al petto, altre fino alla gola, agli occhi. Lasciavamo dietro di noi un profondo solco simile a una trincea. Sto scalando insieme all'altoatesino Christian Kuntner, inseparabile compagno delle ultime spedizioni, e al polacco Krzysztof Wielicki, uno degli alpinisti più forti del mondo. Per Krzysztof è la quarta spedizione al K2 in quattordici anni. L'ultima volta, nel 1994, ha sfiorato la vetta fermandosi a circa cento metri. Non vuole tornare ancora, adesso deve arrivare in cima. Deve. La sua determinazione è spaventosa, Christian e io ci lasciamo coinvolgere in questa salita terribile. Il rischio di valanghe è immenso, inaccettabile in ogni modo. Ma forse non a cento metri dalla vetta della seconda montagna del mondo. Veniamo risucchiati in un vortice potente che non siamo più in grado di controllare. Saliamo pianissimo rischiando la nostra vita oltre ogni limite. Perché?

La neve della cresta diventa azzurra, ancora più fredda. Il cielo non si riconosce più, sopra e intorno a noi c'è solo un grande buco nero. Sotto è un altro mondo, lontano anni, secoli. Non vediamo più niente, non esiste più una parete, una forma. La vetta non compare ancora, forse è solo un'illusione. Galleggiamo sospesi vicino alla stratosfera.

Cammino muovendo le gambe lentamente, facendole affondare nella neve del K2 come se non mi appartenessero. Non ho più la capacità di decidere. Salgo verso l'alto come se quella direzione fosse l'unica possibile. Una forza misteriosa mi sospinge, mi obbliga a salire. È come se gli dei della montagna avessero deciso per me, vietando ogni altra possibilità.

Adesso i pendii di neve non sono più ripidi e difficili. Sono inclinati, quasi piani. È notte. Buio. Alla nostra sinistra si intravede un cambio di pendenza, forse è l'orlo della cresta, sospeso sopra un abisso immane. Mi muovo come un subacqueo sul fondo del mare. I gesti sono lenti, calmi, difficili. L'aria gelida che penetra nei polmoni è il legame più forte con la realtà. La barba ghiacciata è incollata al passamontagna, i bordi del cappuccio di piuma sono ricoperti da una sottile lastra di gelo. Sono duri e freddi. È il regno del ghiaccio, del mondo senza vita. È l'anticamera dello spazio.

Come se camminassimo sulla spina dorsale di un gigantesco drago superiamo muretti di neve intervallati da morbidi pendii. La cresta è molto larga, non dobbiamo seguire una direzione precisa. Continuando a stare nel mezzo del dosso saliamo verso qualche cosa che non si vede. La fine del K2.

Non formulo nessun pensiero, non avverto nessun desiderio.

Maurizio Todero era stato un buon compagno. Insieme avevamo scalato molte vie d'alta quota sulle Alpi, dal Monte Bianco al Cervino, dal Gran Paradiso al Monte Ro-

sa. Insieme sognavamo l'Himalaya, i colossali Ottomila. Non sapevamo praticamente nulla di questo mondo immenso e leggendario. La nostra esperienza sulle Alpi non serviva per montagne alte il doppio e grandi molto di più. Avevo letto che il Cervino è 1/41 del volume totale del K2. Non esistono parole per commentare questa cifra iperbolica. Il Cervino... così alto, bello, difficile, eppure anche così piccolo!

Con Maurizio facevamo progetti, molti progetti, forse troppi per la nostra inadeguata esperienza. Volevamo organizzare la prima spedizione in due, senza altri compagni. Idee balzane di due giovani alpinisti follemente entusiasti.

«Con quale montagna sarebbe meglio iniziare?» ci chiedevamo un po' spaesati.

Non sapevamo dove avere informazioni, a chi chiederne e neppure come si preparasse una spedizione a un Ottomila. I soliti problemi dei principianti. Pensavamo al Cho Oyu, ma forse anche il Dhaulagiri e il Broad Peak potevano andare bene. I sogni più belli (e più insensati) erano però l'Everest e il K2.

Maurizio era incantato dal versante settentrionale del K2. Lo spigolo nord. Ne era stregato, quasi succube. Riteneva il K2 superiore a tutte le altre montagne, la più armonica e la più ambita. L'Everest lo interessava molto meno, non aveva le linee così perfette, così pure. Naturalmente non ero d'accordo. l'Everest per me era... l'Everest. Le nostre discussioni si protraevano fino a tarda notte. Le montagne erano ovunque, nei pensieri e nei nostri discorsi.

Ma forse per Maurizio le montagne non erano un'ossessione come per me. Il fuoco che bruciava nel suo animo non era abbastanza intenso o semplicemente, con il trascorrere degli anni, si creò interessi diversi. Quando partii per la mia prima spedizione al Gasherbrum I lui restò a casa, costretto anche da gravi problemi familiari. Il destino aveva diviso le nostre strade. Lo stesso destino che mi condusse su quelle montagne sognate insieme.

Probabilmente l'aver voluto organizzare una spedizio-

ne al versante settentrionale del K2 è dovuto proprio alle lunghe chiacchierate di alpinismo fatte guardando le foto di questa montagna in un appartamento di Paderno Dugnano. A volte un po' di neve a 8611 metri può essere unita con dei fili invisibili a una città industriale della periferia di Milano.

"La Montagna degli italiani", "la Montagna delle Montagne". La più bella, il più difficile degli Ottomila! Quanti libri avevo letto sul K2? Quanti alpinisti ne avevano desiderato la vetta? Tanti, tantissimi. E io, naturalmente, ero fra questi.

Senza accorgermene, inconsciamente, senza bisogno di domande avevo, fin dai miei primi passi in montagna, basato l'alpinismo sulle grandi altezze. Veramente importante era andare sempre più in quota. Non sapevo perché, era un istinto incontrollabile. Esisteva e basta. Semplicemente. Mai però mi era balenato nei pensieri che fosse un modo di vivere la montagna con una fine ben determinata. Un limite ben definito dalla natura. La più alta montagna del mondo, la vetta più elevata, la neve più vicina al cielo. Una volta raggiunto questo punto magico dove potevo andare? Quale montagna potevo ancora scalare? Nessuna. La Terra aveva fine, era materialmente impossibile andare anche un solo metro più in alto del monte Everest.

Dovevo ridisegnare il mio alpinismo. Creare nuovi orizzonti, far nascere un nuovo modo di essere.

Ero preparato per questo? Almeno a livello inconscio il mio istinto stava già lavorando per scoprire nuove mete? No.

Successe tutto in un giorno di sole meraviglioso, durante quell'ora unica e irripetibile vissuta sulla vetta dell'Everest. La strada finiva. La grande corsa aveva fine.

Mi ritrovai a casa svuotato. Senza più sogni o illusioni. Avevo smarrito i punti di riferimento che mi avevano sempre accompagnato. Dove potevo andare? Quali progetti potevo ancora fare? Il K2 era l'unico obbiettivo possibile. L'unica meta in grado di poter essere il centro dei miei pensieri. Il nuovo sogno.

Ma la confusione era ormai grande. Senza accorgermene il caos si era insinuato inaspettato. Cercavo di aggrapparmi a qualche cosa di conosciuto che aveva guidato i miei passi per anni, ma iniziava un'altra vita. Dovevo quindi anche generare nuovi criteri di valutazione, nuovi stimoli che mi accompagnassero su un percorso diverso. Nascevo una seconda volta. Senza morire era sorta una nuova esistenza con una nuova persona. Nel corso degli anni tutti gli esseri umani vivono cambiamenti totali, momenti decisivi che imprimono altre direzioni di cammino. Mi trovavo a una grande curva. Il K2 pensavo potesse essere abbastanza alto e bello da poter costituire la nuova direzione o, comunque, un nuovo passo sulla vecchia strada. Ma questo non era possibile. Il K2 era solo una ripetizione. La fine di un'epoca.

Però, soltanto affrontando ancora la vecchia realtà potevo rendermene conto. E doveva essere una realtà grandiosa. Gigantesca. Follemente bella e altrettanto brutale. Solo così potevo capire, essere pienamente consapevole. Le vie di mezzo non sarebbero state sufficienti. Avrebbero sempre lasciato dubbi.

«Cosa si prova a scalare il K2? E come vedi Concordia quando sbuchi sulla vetta, da nord?»

Con grande curiosità osservavo Fausto De Stefani, il mio interlocutore. Fausto era stato uno degli alpinisti italiani che nel 1983 avevano scalato il K2 lungo lo spigolo nord. Era il suo primo Ottomila e aveva compiuto la prima ripetizione della via aperta dai giapponesi l'anno precedente. Gli sarebbe costata l'amputazione di alcune dita delle mani in seguito ai gravi congelamenti riportati durante la scalata. Osservai il suo viso pensieroso in attesa della risposta. In quel momento, sopra di noi, troneggiava il mae-

stoso Broad Peak, l'obbiettivo della nostra spedizione. In fondo al ghiacciaio Godwin Austen, sul quale c'erano le tende del campo base, il K2 con la ciclopica parete sud, chiudeva l'orizzonte. Come era l'altro versante? Quello settentrionale? Pochi erano gli alpinisti che l'avevano visto e ancora meno quelli che lo avevano scalato.

«Fino a quando non sei in cima non vedi niente, poi l'orizzonte si apre di colpo. Il Broad Peak, i Gasherbrum, il Chogolisa, il Masherbrum... Concordia e il Baltoro. Non si può descrivere il più imponente spettacolo di montagne della Terra» mi rispose dopo aver ricordato.

E io sognavo, sognavo a occhi aperti e a occhi chiusi.

La neve piega mollemente sulla destra. La cresta cambia direzione, anzi sembra che ne abbiamo raggiunta una nuova proveniente da un altro versante. Cerco di forare l'oscurità con lo sguardo ma oltre il debole fascio luminoso della mia lampada frontale non riesco a distinguere niente.

Christian forza il ritmo e mi affianca, Krzysztof cammina mezzo metro più avanti, un po' spostato a destra. Istintivamente ci siamo raggruppati, come gli animali quando avvertono qualche cosa di strano.

La cresta di neve sembra la vetta ma continua a salire di qualche metro, appena appena.

"Ormai dovresti esserci, tutte le montagne hanno una fine. La cresta non può durare molto" mi dico spazientito da quella linea di neve che intravedo sopra di me.

Una sagoma verticale si para di colpo davanti a noi. Bacchette, cordicelle, uno scheletro di metallo infisso nella neve.

Siamo in vetta. Il K2 è finito. Ci troviamo sulla neve più alta. Il treppiede di misurazione, lasciato dai "Ragni di Lecco" saliti dal versante pakistano dodici giorni prima, indica il luogo dove convergono tutte le linee di questo gigante. Quassù finiscono i suoi abissi, le sue profondità smisurate. Un punto di una lunga cresta. Dove le bufere soffiano più forti e il vento raggiunge velocità folli, dove vivono gli spiriti della montagna. Dove si trovano tre esseri umani stanchi, infreddoliti, assetati e avvolti dalle tenebre.

Buio. Nero. Buio davanti, sopra, sotto, ai fianchi. Niente luna, poche stelle. Tenebre. Non c'è il Broad Peak con la sua lunga cresta sommitale. Non ci sono i Gasherbrum con le loro cime appuntite, non si vede il Chogolisa con la sua larga parete nord e le sporgenti cornici sulle quali scomparve Hermann Buhl. Dove sono il Masherbrum, Concordia, il Baltoro? Non c'è niente di niente. Neppure il pendio del versante pakistano, anche volendo non saprei dove guardare per cercare il famoso seracco a "pinna di pescecane", ultimo ostacolo della via "normale". Sono su un mucchietto di neve. Una delle gambe del treppiede è infissa proprio sul bordo di cresta, a pochi centimetri dal nero della notte. Chissà se c'è una cornice sul versante meridionale? Con una mano rimango aggrappato a un'asta del treppiede. Muovo i ramponi nella neve. Cerco di immaginare la luce, il blu del cielo, il bianco della neve sfavillante, il giallo del sole. Vorrei sentirne i raggi sul viso. Ma intorno a noi c'è solo il buio. Con lo sguardo rivolto a sud provo a ricordare le fotografie scattate dalla vetta del K2, cerco di ricostruire le sagome delle montagne. Guardo verso il basso per riuscire almeno a intravedere la vetta del Broad Peak sulla quale Christian e io ci trovavamo tre anni prima. Nulla. Un muro invalicabile, invincibile per la mia debole vista di uomo, nasconde i segreti più belli e più desiderati.

Un lampo freddo e ostile rischiara la notte per una frazione di secondo. Il flash della piccola macchina fotografica di Wielicki cattura sulla pellicola le nostre facce stanche e il metallo del treppiede. Solo cinque minuti di sosta e dobbiamo iniziare la discesa.

Stranamente non penso ad Alison Hargreaves, dopo l'Everest il K2 era stata la sua ultima cima ed era morta quassù, colpita dalla bufera di questa terribile montagna.

«Va bene. Però il capospedizione lo faccio io e non Marco.»

Con questa frase secca e decisa, Krzysztof Wielicki dà formalmente inizio alla spedizione al K2, versante settentrionale, spigolo nord. Stagione prevista estate 1996. Siamo seduti in una stanza a Milano, polacchi e italiani. Non ho nulla da obbiettare, se Krzysztof vuole essere il leader non sarò certo io ad avere qualche cosa in contrario. Christian Kuntner, di fianco a me, stringe le spalle senza dire una parola. Krzysztof, il mio maestro. Un fratello maggiore che mi ha schiuso le porte dell'Himalaya e che ha guidato i miei primi, incerti, passi nel fiabesco mondo dell'alta quota. Purtroppo nella vita si litiga anche con i fratelli maggiori. Non si dovrebbe, ma succede. La spedizione al K2 segnerà la fine della nostra amicizia. Proprio una grande curva.

La luce della frontale guizza nervosa sulla neve. È meglio seguire le tracce senza fare strane deviazioni. Non si sa mai cosa puoi trovare il prossimo metro.

Solo cinque minuti e poi giù. Perché restare? Sul K2 per noi non c'è niente.

Cosa si prova a essere circondati dalle tenebre sulla vetta della seconda montagna del mondo? Quali angosce, paure devastanti possono travolgere lo spirito di un alpinista in una situazione così drammatica? Spesso me lo ero domandato cercando di immaginare un simile momento.

Sono calmo, senza particolari pensieri. Non vivo il futuro ma solo l'immediato presente. Non penso a cosa succederà domani o fra un'ora, né provo a raffigurarmi la discesa lunghissima, difficile. Non ha importanza se siamo in piena notte a 8600 metri di quota. Ho lasciato la vetta e adesso sto scendendo. Così, naturalmente. Sono un piccolo ingranaggio della gigantesca macchina della natura. Ne faccio parte, ne rappresento una scheggia. Come il sole sorge e tramonta ogni giorno, come la pioggia cade dalle nuvole e il vento soffia sulle creste, io scendo nella notte dal K2. Né preoccupato né tranquillo, né felice né triste, né stanco né riposato. Scendo passo dopo passo, respiro dopo respiro. Ancora una volta sono i cristalli di neve che calpesto con i ramponi, sono le stelle pallide che si intravedono nell'oscurità, sono questo buio totale, profondo, quasi liquido. Sono un movimento, una scintilla di energia nel gelo nero.

Nell'ultimo canalone a 8400 metri, dove in salita sprofondavamo fino alla pancia, compio strane evoluzioni. La molta neve impedisce alle punte frontali dei ramponi di mordere il pendio con regolarità. Spesso scivolano di colpo anche per lunghi tratti. Assecondo questo cadere a scatti cercando di seguire la traccia fatta in salita. Solo adesso noto quanto è irregolare, un continuo zig zag frenetico. E solo adesso mi rendo conto di quanto sia ripido il pendio. Continuo a lasciarmi scivolare, faccia a monte, i ramponi come pattini nei solchi della traccia. Con la piccozza cerco di regolare la velocità di "sciata", sperando non diventi una "libera". Wielicki è più veloce, intravedo la sua sagoma dieci metri più in basso. Christian mi incalza da vicino. Sembra una macchina pronta al sorpasso. Rinuncio a capire dove sto andando, non posso sprecare energie. Le poche rimaste devono servire a scendere veloce senza precipitare. Un volo quassù non lascerebbe nessuna speranza.

Al centro della parete nord iniziano i problemi.

Sui ripidissimi pendii sovrastanti l'immenso seracco a 8000 metri affiora il ghiaccio vivo. La valanga staccatasi in questo tratto deve essere stata gigantesca. Migliaia di tonnellate di neve precipitate lungo un baratro profondo tre chilometri e mezzo. Sulle punte dei ramponi continuiamo a immergerci nell'oscurità. Ognuno di noi segue un percorso diverso, a volte un po' più a destra altre più a sinistra. Tutto il peso del corpo è sui ramponi, l'unica piccozza in nostro possesso viene utilizzata solo per l'equilibrio. Faccio scivolare l'inutile mano sinistra sul ghiaccio nero. Per evitare di avere troppo peso abbiamo lasciato la seconda piccozza al campo deposito all'inizio dello spigolo nord. È stato un grave errore. Fin dai primi giorni di spedizione avevo deciso di scalare con due attrezzi poi, improvvisamente, quando siamo partiti per la vetta, sia Christian sia io abbiamo pensato fosse sufficiente il solo martello-piccozza. Questa volta la nostra esperienza e il nostro istinto ci hanno consigliato male.

Le nuvole sono molto basse. In una nebbia lattiginosa arranchiamo su prati gelati di nevischio. Quando raggiungiamo il passo Aghil non si vede niente, soltanto il biancore del maltempo. Fa freddo nonostante la giacca a vento e il cappuccio ben calcato sulle orecchie. Sarebbe stata un'occasione unica per vedere la muraglia settentrionale dei Gasherbrum, pareti immense costellate di seracchi, mai scalate. Christian vuole fermarsi per filmare i nostri cammelli quando valicano lo stretto passo. Si allontana in direzione di un grosso macigno dove si accuccia al riparo dal vento.

"Dovrà aspettare anche ore" penso, mentre comincio a scendere sul lato meridionale del passo. La valle Shaksgam ci attende con la sua desolazione. È uno degli ultimi luoghi selvaggi del mondo, non c'è traccia di uomini per chilometri e chilometri. Le regioni a nord del Karakorum sono ancora misteriose e completamente disabitate. Al nostro ritor-

no la violenza delle acque del fiume Shaksgam[1] *ci costringeranno a pericolosi guadi a dorso di cammello ma adesso, non essendo ancora iniziato il disgelo, proseguiamo senza grossi problemi.*

Valle Shaksgam, nome difficile di un luogo stupendo e brutale. Roccia, acqua, sabbia e vento che incutono paura, rispetto e stupore. Che consumano, piegano e danno energia. Che affascinano e regalano il senso dell'ignoto. Nome di uno degli ultimi luoghi dove è possibile vivere la gioia del non sapere.

Un'ansa profonda, alta, morbida e gigantesca. Nel mezzo una moltitudine di opachi corsi d'acqua si accavallano, si intersecano, si rincorrono come bisce impazzite. Ghiaie, ciottoli, pietre di molte dimensioni. Colori marroni, bianchi, rossicci, grigi, vengono sovrastati da gigantesche torri di roccia bruna, ocra, nerastra. Quante vie si possono ancora aprire sulle montagne possenti di questo tratto della valle Shaksgam? Cento? Mille?

Il cielo è scuro, pesante di nuvole fredde e umide provenienti da sud, dal Baltoro e dalle calde pianure pakistane. Sono seduto sulle ultime balze del passo Aghil e come stordito, incredulo, osservo per la prima volta questa valle. La grande ansa di fronte a me segna le due direzioni principali. A destra verso il K2 e a sinistra verso il Broad Peak e i Gasherbrum. Questa volta vado a destra. Ma tornerò. Tornerò per andare anche a sinistra perché gli spiriti del Karakorum che dimorano sui Gasherbrum mi hanno invitato ad andare a trovarli.

L'atmosfera è opprimente e difficile. Il cielo cupo e il colore spento della valle senza sole mi fanno sentire materialmente la forza di queste grandi distese fredde d'alta quota.

Al mattino avevamo lasciato l'ultimo insediamento

[1] Chiamato anche Kalcin o Kulqin secondo la denominazione adottata dalle carte topografiche cinesi.

umano della zona. Alcune famiglie di pastori si erano sistemate a nord del passo Aghil per trascorrere l'estate. Avevano molti animali che si nutrivano con l'erba magra della montagna. Quando decidemmo di mettere il nostro campo per la notte vicino a loro non potevamo immaginare cosa ci attendeva. Con il sopraggiungere dell'oscurità le capre iniziarono a belare, i tre asini utilizzati dai pastori per il trasporto del loro equipaggiamento ragliavano disperatamente, uno di questi era una femmina... I cani ululavano senza sosta. Krzysztof uscì più volte dalla tenda tirando sassi nel buio senza però ottenere neppure un momento di silenzio. Al mattino gli alpinisti della spedizione internazionale al K2 avevano le facce stanche e gli occhi gonfi di sonno. I pastori invece, riposati e rilassati, all'alba aprirono i recinti per far pascolare le loro bestie. Per tutti iniziava una nuova giornata.

Adesso fa molto freddo. Quanti gradi sotto zero ci saranno? Venti, trenta, quaranta? Proprio non so. Bisogna scendere, andare verso il basso. Ma devo stare attento, non sbagliare, non scivolare. Concentratissimo, ogni secondo, ogni movimento, ogni passo. Dove dobbiamo andare? Nessuno di noi lo sa con precisione. La nuova super pila di Krzysztof, ultimo ritrovato della scienza moderna, è scarica. Anche la lampada frontale di Christian non funziona più. Le sue piccole batterie non hanno potuto resistere a lungo al freddo della notte del K2. Solo la mia funziona ancora. Una luce in tre non è poi molto. Dobbiamo trovare il passaggio! Un ripido seracco a circa 8200 metri segna l'inizio del lungo traverso che, tagliando in diagonale tutta la parete nord, raggiunge lo spigolo dove c'è la nostra tenda del campo IV.

L'ultimo seracco, la chiave del grande traverso.

Durante la salita ci aveva fatto tribolare non poco. Era alla fine di una lunga serie, non ne potevo più di tutti quei salti di ghiaccio ripidi e instabili da superare per raggiungere il centro della parete. La neve fresca complicava ancor più le cose. Il seracco era infido, dapprima quasi verticale poi più inclinato. Ero salito dritto alcuni metri con i polmoni scoppiati dallo sforzo e i muscoli dei polpacci duri come l'acciaio. Avevo paura. Paura di precipitare lungo tutto il K2. Di sfracellarmi migliaia di metri più in basso. Non avevamo corde, niente chiodi. Non pensavo alla discesa, a come affrontare quel salto al ritorno. E neppure immaginavo di doverlo fare durante la notte. Ne avevo già abbastanza della salita, pensavo solo al prossimo metro. Dopo aver scalato il tratto più ripido, bisognava traversare verso sinistra. Mi aspettavo di trovare la solita coltre di neve fresca, invece era ghiaccio vivo. Un traverso che sembrava corto si rivelò molto più lungo. Una cupola di ghiaccio continua. Non riuscivo a vederne la fine, sembrava giunto ogni volta l'ultimo metro e invece bisognava sempre farne ancora uno. Pochi passi di seguito e poi acrobatiche soste appeso alla piccozza per far riprendere l'organismo esaurito.

Come facciamo adesso con il buio? Ci troviamo vicino a piccole rocce. Sembra una cresta o uno sperone. Non capisco più la nostra posizione. Forse siamo scesi troppo verso il grande seracco della parete nord? Oppure siamo finiti troppo a sinistra? I miei due compagni sembrano più sicuri di me, dicono che il passaggio è là, più a sinistra, più in basso. Scendiamo, ci spostiamo, cerchiamo... Non si trova un accidente, nessun seracco, nessun salto. Solo scivoli cupi, pericolosi, che sembrano nascondere baratri neri.

L'acqua era pura e trasparente come un diamante. Scorreva lentamente tra una sottile erbetta verde. I nostri cammelli, appena liberati dai carichi, si erano avventati sui cespugli spinosi dell'oasi. "Oasi della prima tappa Shaksgam" l'avevo battezzata senza molta fantasia. Nel torrentello che l'attraversava c'erano dei pesci. Sembravano piccole trote o grandi alborelle. I "camel drivers" riuscivano a pescarli con le mani. Poi li infilavano per le branchie su un rametto mettendoli in fila e li cuocevano alla brace. Il torrentello creava larghe pozze tra i sassi. Piccole vasche naturali d'acqua fredda come la neve, cristallina. Il sole che filtrava tra le nuvole era caldo e rassicurante.

"Quarto giorno di avvicinamento al K2", pensai tranquillo sdraiato nel prato.

Non avevo emozioni, nessun desiderio. Chiudevo gli occhi e ascoltavo l'acqua scorrere.

Un colpo improvviso e violentissimo mi strappa dal ghiaccio. Prima di precipitare riesco a intravedere una figura che si agita nell'oscurità e si blocca piantando la piccozza nel pendio. È Christian, scendeva sopra di me ed è volato. Per mia sfortuna, con tutta la parete nord a sua disposizione, per cadere ha scelto proprio la mia traiettoria. Adesso sono io, mentre lui è ormai fermo, a volare come un uccello. Per mia fortuna scelgo proprio la direzione di Wielicki. Sta facendo una sosta per riprendere fiato pochi metri sotto di me. Rapido come il fulmine, istintivamente apre le braccia e mi afferra al volo. In un attimo, senza sapere neanche come, pianto la piccozza nel ghiaccio. Krzysztof al mio fianco mi guarda sconcertato. È tutto a posto, nessuno si è fatto neppure un graffio. Una situazione mortale per tutti e tre si è trasformata in una scivolata da "aquafan".

Il cappello di lana grezza di Krzysztof è ricoperto di ghiaccio. Gli copre tutta la fronte, tirato fin sugli occhi. La barba è lunga, ormai con molte zone grigie. Il suo sguardo è spento, stanco, svogliato. La sua è un'espressione di indifferenza, quasi apatica. Cerco di capire quanto è appena successo. Ognuno di noi racconta agli altri quello che ha vissuto. Poi dimentico tutto. Per giorni. Ricorderò questo episodio solo una settimana più tardi, sul ghiacciaio, al campo base.

Krzysztof adesso è sparito nell'oscurità con la mia pila. Gli ho dato la frontale perché sperava di riuscire a trovare il passaggio tra i seracchi verso il campo IV a 7900 metri.

Guardo Christian fermo vicino a me. Sotto di noi tutto sfugge paurosamente. Ghiaccio. Ghiaccio ripido, ripidissimo, duro. L'istinto mi blocca. Mi ordina di non muovermi. Chiamo Krzysztof chiedendogli se può fare un po' di luce in questo mondo morto. Ma continua a essere notte.

È la follia degli ottomila metri. E tutti noi ne siamo intrisi. Le azioni, i pensieri, la realtà della pianura quassù non esistono. Niente è logico, comprensibile. Tutto è diverso, misterioso, irragionevole. Quassù non ci sono i normali criteri di valutazione, di giudizio, di analisi. L'anticamera dello spazio. Il regno del delirio. Il mondo dell'irrazionale. Dove le cellule del cervello muoiono a migliaia, a milioni. Dove i pensieri si atrofizzano e l'organismo si spegne lentamente.

Christian si decide, prova a scendere lentamente. Osservo l'amico mentre svanisce nel nulla.

Non posso seguirlo. Sento che sarebbero i miei ultimi gesti. Precipiterei lungo la parete nord.

Il bivacco.

Quassù.

La mia piccozza è saldamente infissa nel ghiaccio. La lama penetra per un centimetro. È un ancoraggio sicuro. Non ho il coraggio di toglierla per provare a scavare un gradino dove appoggiare almeno i piedi. Basterebbe un minimo sbaglio, anche solo la perdita dell'equilibrio, per svanire nel nulla. Provo a battere i ramponi sul pendio ma ottengo solo una minuscola tacca larga forse un dito. Non ho con me neanche una vite da ghiaccio. Stringo il lacciolo della piccozza intorno al polso destro e incomincio ad aspettare. I piedi di traverso, le sole punte laterali dei ramponi nel ghiaccio. Quelle interne per il piede destro e quelle esterne per il piede sinistro. L'unico movimento che mi concedo è alternare il peso del corpo ora su una gamba ora sull'altra. Come i cavalli, quando dormono in piedi.

Tremilanovecento metri. Sosta. Abbiamo raggiunto il primo capolinea, Sughet Jangal, il campo cinese. Dopo aver lasciato la valle Shaksgam ci siamo incamminati lungo la valle Sarpo Laggo. I fiumi sono più impetuosi, le acque dei ghiacciai del K2 confluiscono in questa valle.

Il nostro ufficiale di collegamento si fermerà qui, in un piccolo Eden. Un prato verde e morbido sul lato del fiume sarà la sua casa per i prossimi due mesi. I cammelli porteranno ancora per qualche ora il nostro equipaggiamento fino alla fronte del ghiacciaio K2 e poi torneranno indietro. È il 18 giugno. Li rivedremo il 15 agosto.

Non riesco a scorgere la nostra montagna. Il cielo è sempre coperto. So che si trova lassù, a tre giorni di cammino. Ma per il momento posso solo immaginarla.

Arrivando dopo la vetta in questa magica oasi di vita, con l'animo e il corpo rinsecchito dalla montagna, verrò stordito da questa natura preziosa. Decine di farfalle multicolori mi accoglieranno volando da fiore a fiore. L'odore della terra e dell'erba stimolerà profondamente i miei sensi atrofizzati. Monterò la tenda sul prato saturo d'umidità, vicino alla riva del fiume. E finalmente, dopo settimane, potrò godere un giorno di vero riposo.

Sono rivolto a ovest, il sole sorgerà alle mie spalle. Ogni tanto giro la testa per vedere se il cielo stellato comincia a schiarire. Il vento della notte mi soffia sul viso piccoli cristalli di neve gelata.

"Ottomiladuecento metri" mormora tranquilla la mia mente.

E la notte, lì dietro, è ancora più scura.

Aspetto. Quanti bivacchi ho già fatto nella mia vita? Sempre freddi, lunghi, disagevoli. Ma quassù non sento niente. Non soffro il freddo né la sete o la fame, non soffro le scomodità o le ore che passano lente come giorni. Sono indifferente. Muovo sempre le dita dei piedi e delle mani. Ogni tanto mi massaggio le gambe, provo a migliorare la circolazione del sangue. Il mio corpo e il mio cervello sono già così saturi di adrenalina e di endorfina da non avvertire più nulla? Ho forse già raggiunto il limite tra la vita e la morte? Non lo so, non me lo chiedo. Comunque non potrei farci niente. Probabilmente l'istinto di sopravvivenza ha preso il sopravvento. Qualsiasi emozione sarebbe così forte da uccidermi. E allora ogni sentimento si blocca, rimane congelato in qualche recondita profondità del mio essere. Prima o poi queste ore inumane riemergeranno dal subconscio, ma non ora.

L'unica paura è quella della valanga. Sono nel centro della parete. Qualsiasi cosa si stacchi dall'alto mi spazzerebbe via. Quando immagino le conseguenze, mi aggrappo istintivamente ancora più forte al manico della piccozza e un brivido di angoscia perfora la pancia.

L'alba. Il bivacco è finito.

Il cielo sembrava sussultare, dilatarsi. Non ho visto il passaggio dalla notte al giorno, in un attimo c'era la luce. "Adesso posso muovermi" è stato l'unico pensiero. Non ero intorpidito, non avevo i muscoli freddi, attanagliati dal gelo e dall'immobilità. Non ricordo il momento in cui mi sono mosso, non ricordo la direzione presa. L'unica immagine rimasta nella memoria è stata una macchia nera che si muoveva vicino ad una roccia. Per qualche istante ho pensato fosse Christian, subito dopo credevo fosse un pezzo di cresta. In realtà i miei due compagni avevano bivaccato trenta metri più in basso. Probabilmente ho visto uno di loro iniziare la discesa dopo il bivacco.

«Sono caduto tre volte. Una volta sono saltato giù da un seracco e mi sono infilato dentro un crepaccio. Non so quanti metri fosse profondo, forse cinque o sei.»

Chi parla è Christian. Ci troviamo a casa sua, a Prato allo Stelvio in val Venosta, Vinschgau *come dicono "loro". Per la prima volta ci raccontiamo le fasi della discesa, molti giorni dopo essere rientrati in Italia. Christian continua a sostenere che il suo bivacco sia stato ancora più scomodo del mio. Non riesco proprio a immaginare in quale strana posizione si sia fermato per trascorrere la notte. Forse su una gamba sola?*

Fin dai primi passi dopo il bivacco ero già tra questo mondo e "quell'altro". Non ricordo assolutamente come sono sceso, come abbia fatto a trovare e superare il seracco che ci aveva bloccati e come sia riuscito a raggiungere la tenda del campo IV lungo un traverso spaventoso per il pericolo di valanghe e per le difficoltà tecniche. A parte l'ultima mezz'ora, non ho ricordi né immagini particolari. Solo qualche immagine sfumata.

«La tua pressione del sangue è venti di massima e zero di minima[2].» Chi parla è Marek Rozniecki, con

[2] Marek mi disse effettivamente che avevo questa pressione del sangue. Molti mesi dopo su un articolo di una rivista americana, *The Mountain Yodel*, un nostro compagno di spedizione, Carlos Buhler, scrisse che secondo quanto riferitogli da un altro nostro compagno, Piotr Pustelnik, la mia pressione sanguigna era 70 di massima e 30 di minima.

il viso sorridente e lo sguardo preoccupato mi osserva nella penombra della tenda. Dopo aver sfilato lentamente dal braccio l'apparecchio per la pressione comincia a farmi una puntura dietro l'altra. Vicino a sé ha un grosso piatto con siringhe e fialette. Sono molte. Marek però sostiene non siano ancora sufficienti. Fra un po' dovrà farmene altre, anche nell'addome.

«Il medico sei tu» gli rispondo un po' perplesso.

Dopo un'ora mi riprova la pressione. «Adesso è tutto a posto, stai bene; prima mi ero veramente spaventato» conclude con un largo sorriso.

La discesa era durata un giorno e mezzo. L'avevo fatta al limite, con i polmoni incapaci di assimilare l'aria. Mi sentivo sempre soffocare, temevo di avere un edema polmonare ma Marek mi diagnosticò uno squilibrio della pressione cerebrale. Nessun edema. Probabilmente anche il fatto di essere rimasti trenta ore sopra gli ottomila metri, senza assumere nessun tipo di liquido, aveva contribuito a far degenerare le mie condizioni fisiche. Una discesa strappata alla montagna con i denti, metro dopo metro, anche con l'aiuto dei compagni. Soprattutto Christian mi era rimasto sempre vicino durante la violenta bufera che ci colpì nel pomeriggio successivo al bivacco. Non mi spaventava la stanchezza. A quella ero abituato, sapevo come fare a resistere, a combatterla. Il vero problema era l'incapacità dei miei polmoni di assimilare il poco ossigeno dell'alta quota. Di fronte a questo ero inerme. Non avevo difese. Nel momento in cui si fossero bloccati sarei morto. Questa mia impotenza nel controllo dell'organismo mi distruggeva anche psicologicamente.

Dopo il bivacco eravamo arrivati direttamente al campo II, a 6600 metri di quota, in piena notte. Gli alpinisti della spedizione russa, dopo essermi venuti incontro con delle medicine per cercare di darmi un po' di energia, mi avevano offerto "l'ossigeno". Andando contro ogni mio principio etico trascorsi alcune ore con la maschera sul viso. Il mattino seguente ero ancora stremato. Rimanevo seduto senza riuscire a trovare le forze per alzarmi mentre Christian, urlando, cercava di farmi iniziare la discesa. Per caso lo sguardo mi cadde su un tubetto di pastiglie di vitamina C effervescente. Ne masticai una mischiandola a un po' di neve. Immediatamente, in meno di un minuto, ritrovai le energie e iniziai subito la discesa verso il campo base. Dovevamo percorrere ancora 1600 metri di dislivello prima di arrivare al ghiacciaio e poi circa due ore di marcia fino al campo base.

Per l'ultima volta cammino lungo la morena del ghiacciaio K2 in direzione del campo base. Quante volte siamo saliti e scesi per questa via? Nell'arco di due mesi ogni cosa ha cambiato aspetto. Morene, corsi d'acqua, seracchi. Tutto è diverso, nuovo. L'azione del sole ha modellato la superficie del ghiacciaio, ne ha modificato le forme, creato nuove strutture.

Per l'ultima volta vado verso il campo base. Tornerò ancora? Quassù, ai piedi del K2?

Quale gioia provavo nell'addentrarmi in queste regioni selvagge. Non esistevano città. Non c'erano strade e mezzi meccanici. Solo silenzio. E valli misteriose. Il fatto di non sapere cosa avrei trovato dopo l'ansa successiva, dopo la cresta successiva, era una sensazione meravigliosa. Dovevamo contare solo su noi stessi. Nessuno sarebbe stato in grado di soccorrerci in caso di incidente. Neanche gli elicotteri volavano quassù. Dal profondo di me stesso una ben definita sensazione di inquietudine mi attraversava dalla testa ai piedi quando pensavo all'eventualità di qualche serio incidente che ci sarebbe potuto capitare. Ma allo stesso tempo non avrei rinunciato per niente al mondo a questo isolamento straordinario. In piena estate sarebbe stato anche impossi-

bile tornare indietro a piedi. Le acque del fiume Shaksgam erano un ostacolo insuperabile. Una volta raggiunto il campo base eravamo bloccati. Solamente il freddo, rallentando il disgelo, avrebbe riaperto la valle. E solamente i cammelli potevano affrontare con sicurezza i gorghi del fiume.

Il caldo prosciugava, il freddo gelava gli arti e intorpidiva il corpo, la fatica prostrava i muscoli, l'alta quota rinsecchiva il cervello e l'organismo, la natura imponente soggiogava gli animi. Fame, sete, stanchezza, paura. Ma il sole dell'alba illuminava gli spigoli del K2. Illuminava i suoi abissi smisurati, la sua neve scintillante, la sua bellezza sovrannaturale. Il vento freddo e violento dava forza, spronava la curiosità, esaltava la voglia di conoscere, ti faceva sentire pronto a lottare. La luce della luna ti proiettava nel mondo delle fiabe, dove i folletti corrono tra i sassi e i maghi creano misteriose alchimie. E il gorgogliare dei ruscelli ti dava pace e gioia e i morbidi tappeti d'erba ti facevano affondare le dita nella terra. E così ero felice, meravigliato, curioso, forte, stanco, nauseato, assetato, deluso. Vivo. Anche quando ero quasi morto.

Per cinquanta giorni non ero mai sceso lungo il ghiacciaio sotto il nostro campo base. Dalla tenda osservavo la morena allungarsi verso il basso chiusa ai due lati da lunghe file di seracchi. Strane conformazioni bianche, aguzze e dentellate. Le "vele di ghiaccio".

"Solo quando avrai scalato la montagna potrai tornare a valle. La via per andare a casa passa per la vetta", mi dicevo osservando il ghiacciaio. Era un modo di pensare tipico di quando ero in spedizione. Al Broad Peak, in una splendida notte di luna piena, vedevo il ghiacciaio Godwin Austen immergersi nel circolo Concordia con una grande ansa. Allora provavo a raffigurarmi il ritorno, tutto il Baltoro, Askole, la valle di Shigar, Skardu. Poi, dopo aver volato fino a Islamabad, ci sarebbero state le corse agli uffici della compagnia aerea per cambiare le date del volo. Infine, solo all'ultimo, casa. Quanti giorni erano necessari per tutto questo viaggio!

Seduto su una roccia fuori dalla tenda, capivo quanto ero lontano dai miei affetti. Diecimila chilometri. Più o meno. Ma la linea immaginaria che mi univa con Milano, passava prima dalla vetta del Broad Peak. Prima di poter scendere dovevo salire. E lo stesso al Manaslu quando dal verde campo base osservavo, sempre di notte, le deboli luci del villaggio di Sama, piccole e tremanti nel fondo della valle. E lo stesso al Dhaulagiri, sul ghiacciaio Mayangdi, al Cho Oyu sul ghiacciaio Kyabrak, allo Shisha Pangma, sotto l'imponente parete sud-ovest, all'Everest dove, per quarantasei giorni, non ero mai sceso al campo cinese, rimanendo sempre sul ghiacciaio orientale di Rongbuk.

E al Gasherbrum I anche se, quella volta, la mia linea immaginaria non era arrivata fin sulla vetta. E io ero lo stesso tornato a casa.

Anche al K2 non scendevo mai sotto il campo base. Avrei rivisto la valle Sarpo Laggo, la valle Shaksgam, il passo Aghil, Mazar, Kasghar, il passo Kunjerab, la valle dell'Hunza, Gilgit, il gigantesco fiume Indo, Islamabad, solo dopo aver raggiunto la vetta della seconda montagna del mondo. La linea doveva prima salire, poi scendere. O sarebbe successo come al Gasherbrum I?

"Prima o poi dovrà ricapitare" pensavo indifferente.

"Sei spedizioni di fila sempre andate bene. Forse andrà male la settima."

"L'importante comunque è tornare indietro. Solo se torni puoi raggiungere nuovamente questi luoghi. Se ti fermi quassù non vai più da nessuna parte."

E continuavo a non scendere sotto il campo base.

Dopo aver scalato la seconda montagna del mondo tutto quello che il nostro cuoco poté offrirci in campo base fu una tazza di tè. Senza zucchero, naturalmente, finito ormai da molti giorni. Tirare la cinghia può anche andare bene. Quando però scopri che in alcuni compagni è prevalso l'interesse personale, tutto crolla.

«L'uomo è come un animale, può fare tutto» mi disse una volta Krzysztof Wielicki. È vero. Ma anche gli animali muoiono.

L'Everest non era la fine, come pensavo. Era l'inizio. Solo adesso arrivavo al termine della grande curva.

Indice

I LICHENI - TITOLI PUBBLICATI

1 • Joe Simpson, *La morte sospesa*
2 • Gabriele Boccalatte, *Piccole e grandi ore alpine*
3 • Mirella Tenderini, *Gary Hemming*
Una storia degli anni '60
4 • Eric Roberts, *Willo Welzenbach*
La vita, gli scritti, le imprese
5 • Ettore Castiglioni, *Il giorno delle Mésules*
Diari di un alpinista antifascista
6 • Jeff Long, *Angeli di luce*
7 • Sergio Pirnetti, *La Croda Bianca*
8 • Alberto Paleari, *La Casa della Contessa*
9 • Pat Ament, *Royal Robbins*
Il maestro dell'arrampicata americana
10 • Gian Piero Motti, Enrico Camanni,
La storia dell'alpinismo
11 • Angelo Ursella, *Il ragazzo di Buia*
Appunti di un alpinista
12 • Marcel Kurz, *Alpinismo invernale*
Le origini dello sci-alpinismo
13 • E. Camanni, D. Ribola, P. Spirito,
La stagione degli eroi
Castiglioni, Comici, Gervasutti
14 • Joe Simpson, *Questo gioco di fantasmi*
Storie vere di un sopravvissuto
15 • Franco Giovannini, *Arrampicare era il massimo*
16 • Roger Frison-Roche, *Primo di cordata*
17 • Emilio Comici, *Alpinismo eroico*
18 • Pietro Spirito, *La grande valanga di Bergemoletto*
19 • John Muir, *La mia prima estate sulla Sierra*
20 • J. Espen, F. Torchio, D. Valentini, *Bruno Detassis*
Il custode del Brenta
21 • Aldo Costa, *Ultimo grado*
22 • Livio Sirovich, *Cime irredente*
Un tempestoso caso storico alpinistico
23 • Gaston Rébuffat, *La montagna è il mio mondo*
24 • Rolly Marchi, *Le mani dure*
25 • Alexandre Dumas, *In viaggio sulle Alpi*
26 • Eugenio Pesci, *Solitudine sulla Est*
Ettore Zapparoli e il Monte Rosa romantico
27 • Fosco Maraini, *Gasherbrum IV*
La splendida cima

28 • Marco Ferrari, *Frêney 1961*
Un viaggio senza fine

29 • Enrico Camanni, *Cieli di pietra*
La vera storia di Amé Gorret

30 • Kurt Diemberger, *Gli spiriti dell'aria*

31 • Mauro Corona, *Il volo della martora*

32 • Chris Bonington, *Ho scelto di arrampicare*

33 • Dušan Jelinčič, *Perle sotto la neve*

34 • Marco Bianchi, *Montagne con la vetta*

35 • Reinhold Messner, Horst Höfler, *Hermann Buhl*
In alto senza compromessi

36 • Edmondo De Amicis, *Nel regno del Cervino*
Gli scritti del Giomein

37 • Enrico Camanni, *La guerra di Joseph*

38 • Eugen Guido Lammer, *Fontana di giovinezza*

39 • Enrico Camanni (a.c.), *Nuovi Mattini*
Il singolare Sessantotto degli alpinisti

Finito di stampare nel novembre 1998
presso l'Istituto Grafico Bertello di Borgo San Dalmazzo (Cn)